CW00410168

sciences-techniques.com

Collection.com-activités

Zahra Lahmidi

INTERNATIONAL

www.cle-inter.com

Avant-Propos

Sciences-techniques.com s'adresse aux étudiants étrangers qui suivent une formation liée aux disciplines scientifiques et aux techniques.

– Il est également destiné aux professionnels désirant améliorer leur pratique du français : techniciens, cadres ou ingénieurs étrangers.

– Ce livret est par conséquent utile aux enseignants qui préparent un cours de français langue étrangère par objectifs spécifiques. Il invite à faire le tour des différentes spécialités de la science et des techniques en mobilisant un éventail de vocabulaire spécialisé et en s'appropriant une culture de vulgarisation scientifique.

● **Sciences-techniques.com** est accessible à partir de 120 heures de cours de français.

Il comporte, en plus d'une introduction générale, cinq chapitres thématiques qui proposent des situations authentiques favorables à l'expression et à la compréhension du discours scientifique.

● L'utilisateur apprend d'abord à s'exprimer à propos des savoirs et savoir-faire de différents domaines de spécialités. Il apprend à formuler dans de simples énoncés ou dans un bref discours des actes professionnels tels que : identification, définition, description, formulation de consignes ou de recommandations… Des textes abordant des sujets d'actualité scientifique sont proposés à l'analyse et invitent au débat.

● Un système d'encadrés apporte les informations nécessaires à l'exécution des exercices.

● Un mémento étymologique, un répertoire d'unités de mesure et les corrigés complètent le livre.

Direction éditoriale : Michèle Grandmangin
Édition et maquette : Jean-Pierre Delarue
Illustrations : Eugène Collilieux
Mise en page et couverture : CGI
Recherche iconographique : Christine Varin

Crédit photos couverture :
1. Détail d'une microstructure d'un capteur de gaz © Hr Bramaz/ISM.
2. Chercheur travaillant sur un microscope à force atomique © Hr Brahmaz/ISM.

© CLE international, 2005
ISBN : 209-033186-0

Sommaire

Profils et métiers

1 **Jules, Jean-François, Michel et Jean-Luc travaillent dans l'industrie pharmaceutique. Quel est le métier de chacun d'eux ?**
pharmacien – ingénieur – technicien chimiste – pharmacien logistique – chercheur labo pharmaceutique.

Jules est ....
Il contrôle le réglage des appareils et la conduite des mesures. Il applique les règles d'hygiène et de sécurité. Il surveille et entretient les appareils et peut effectuer une maintenance de premier degré.

Jean-François est ....
Il est rattaché à la direction logistique, il est chargé de la gestion du dépôt central de produits pharmaceutiques et de matériel : vente, distribution, livraison…

Michel est ....
Il intervient dans l'effort consenti par l'entreprise pour optimiser la qualité de ses produits et pour innover.

Jean-Luc est ....
Il définit les besoins en équipement spécifiques à l'industrie pharmaceutique. Il maîtrise les procédés pharmaceutiques et participe à leur validation.

I. Lexique autour du savoir-faire scientifique et technique

> ▶ **Effectuer une recherche :** faire, entreprendre une recherche, y participer, découvrir, créer, inventer, étudier…
> ▶ **Élaborer :** combiner, former, construire quelque chose, synthétiser, concevoir, réaliser…
> ▶ **Analyser (un échantillon) :** examiner, disséquer, étudier l'objet soumis à l'analyse. L'échantillon est le prélèvement (la partie prise d'un ensemble), l'exemple témoin.
> ▶ **Dépister (une anomalie) :** déceler, détecter, diagnostiquer, découvrir, retrouver en suivant sa trace (en vue de rétablir les normes, de réparer). L'anomalie est tout écart par rapport à la normale (maladie, dysfonctionnement, défaut, erreur, panne, défaillance, défectuosité…)
> ▶ **Optimiser :** calculer le point optimal, contrôler la qualité, surveiller, améliorer, corriger au maximum, soigner, arriver au meilleur possible, entretenir, mettre en état, maintenir au meilleur niveau, tester la fiabilité, sécuriser…
> ▶ **Gérer :** administrer, maîtriser par les moyens appropriés, organiser, piloter, encadrer, diriger, planifier…

II. Le chercheur

LE CHERCHEUR est un spécialiste de l'un des champs de recherche scientifique. Sa formation est très approfondie, il est thésard et docteur spécialiste ayant la fine pointe des connaissances dans son domaine. Il entreprend sa recherche dans le cadre d'une convention avec des laboratoires publics ou privés. Il connaît les équipes qui travaillent sur les sujets voisins de ses thèmes de recherche. Il participe aux colloques dans le monde en vue de trouver l'information lui permettant de progresser.

2 **Remplissez les blancs avec les mots proposés :**
– **noms sujets :** *généticiens, biologistes, physiciens, pharmacien industriel.*
– **verbes :** *étudier, améliorer, analyser, élaborer, découvrir, effectuer.*

En tant que spécialistes de la microbiologie, les .... (1) .... (2) .... des recherches sur les phénomènes de l'hérédité chez les organismes vivants (animaux, végétaux, être humains, micro-organismes, etc.) À cette fin, ils .... (3) .... et déterminent les caractères héréditaires, les propriétés physiques et chimiques des gènes et font des mutations sur des espèces animales et végétales en vue d' .... (4) .... les espèces.

Dans la recherche appliquée, le .... (5) .... s'unit à d'autres équipes professionnelles (biologistes, ingénieurs-chimistes, médecins, vétérinaires) pour .... (6) .... de nouveaux médicaments ou (7) .... ceux existants. Il détermine la composition, choisit la forme galénique (gélule, comprimé...) et le mode de conditionnement compte tenu des impératifs de conservation, de sécurité et de facilité d'emploi.

Le but des recherches des .... (8) .... est de .... (9) .... les lois qui président à l'évolution de la vie sous toutes ses formes. Ils travaillent notamment dans la recherche médicale, l'industrie alimentaire, l'industrie pharmaceutique, l'agronomie, l'environnement. Dans ce domaine, on peut aussi être spécialiste d'un animal ou d'un type de plante.

Les .... (10) .... (11) .... la structure du monde matériel de l'infiniment petit (l'intérieur de l'atome) à l'infiniment grand (le cosmos), ce champ disciplinaire a un grand impact dans tous les secteurs de la science et de la technologie (informatique, nouvelles sources d'énergie, télécommunications, environnement.

III. L'ingénieur

L'INGÉNIEUR est la personne ayant reçu une formation scientifique et technique la rendant apte à diriger certains travaux et à participer à des recherches. Sa spécialité est la mise en œuvre de certaines applications de la science dans le domaine de la production ou l'organisation économique. Cette spécialité caractérise le titre de son poste. Ses études sont approfondies : bac + 5 et plus.

3 Associez à chacun de ces titres de poste d'ingénieur son profil décrit ci-après. 1. Ingénieur industriel – 2. Ingénieur civil – 3. Ingénieur agronome.

a) ....

Il est spécialiste des Eaux et Forêts, il a en charge un service qui gère des milliers d'hectares de forêts. Toutes les décisions lui reviennent : il planifie, il établit des plans de gestion des forêts et il encadre les techniciens qui, eux, agissent sur le terrain.

b) ....

Il détermine le moment, l'ordre et la manière d'exécuter l'ensemble des tâches sur la chaîne de production. Ce, en fonction de l'évolution de la demande des articles, des délais de livraison et de la disponibilité des matières premières.

c) ....

Il est formé dans le sens de concevoir, réaliser et gérer des aménagements, des infrastructures et des systèmes, au service de l'homme et de la société. Il réalise des bâtiments (pour l'habitat, le commerce, l'administration et l'industrie), des voies de communication et des équipements énergétiques.

IV. Le technicien

LE TECHNICIEN est un professionnel, un spécialiste doté d'une technique particulière qui est une application pratique de la science dans les domaines de la production ou l'organisation économique. En général, le technicien poursuit de courtes études : bac ou niveau bac + 2 et plus. Toutefois, il a toutes les possibilités d'approfondir ses études et devenir ingénieur. Il peut également effectuer des recherches dans sa spécialité. Selon sa formation et l'expérience acquise, le technicien évolue dans sa carrière en passant du titre de technicien qualifié à celui de technicien supérieur ou technicien chef. Il dirige des projets qui ne nécessitent pas la présence d'un ingénieur.

La spécialité d'un technicien ainsi que le secteur d'activité et les tâches qui lui sont confiées caractérisent le titre de son poste. Ainsi, on dit : technicien chimiste, technico-commercial, technicien en informatique, technicien de maintenance, technicien de son, etc.

4 Trouvez l'auteur de chacun de ces témoignages en choisissant dans la liste : 1. technicien commercial – 2. technicien de laboratoire de la police technique et scientifique – 3. technicien en électricité du bâtiment.

Techniciens	Témoignages
1. Technicien	« *En arrivant sur une intervention, je découvre le système et je détecte la panne, puis j'effectue des réparations en procédant aux opérations de maintenance. En effet, les systèmes ne se ressemblent pas, il existe rarement un plan à jour avec toutes les modifications. Dans notre métier, on doit se former sur l'évolution des techniques et des normes du domaine.* »
2. Technicien	« *Grâce aux nouvelles méthodes d'investigation dont nous disposons, l'identification génétique notamment, nous contribuons à l'identification des auteurs de crimes et délits.* »
3. Technicien	« *J'assure l'accueil, le conseil et la vente des produits auprès des clients. Je suis capable de m'adapter aux nouvelles formes de techniques de vente générées par les évolutions des technologies, les attentes des consommateurs et l'évolution des marchés, notamment celui de l'informatique.* »

V. Le logisticien

LE LOGISTICIEN maîtrise l'art de combiner tous les moyens de transport, de ravitaillement, d'équipement, de gestion et organisation, d'installation, de logement, etc. Sa formation varie selon le cycle de formation suivi (cycle court : bac + 2/cycle long : bac + 5 et plus).

5 Quelles sont les tâches de chacun des logisticiens de la liste ?

1. Approvisionneur – 2. Consultant – 3. Gestionnaire de stock –
4. Magasinier – 5. Chef de quai.

a) Il assure l'organisation du stockage de marchandises et l'amélioration des performances des magasins.

b) Il assure la manipulation et le déplacement des marchandises dans l'entrepôt.

c) Il définit et anticipe les besoins de l'entreprise, négocie les meilleures conditions d'approvisionnement.

d) Il fait l'audit, met en place les axes d'amélioration. Il est doté d'un esprit de synthèse, il est capable d'élaborer des solutions.

e) Il assure la réception, le stockage, la préparation, la distribution des marchandises.

N.B. Les ingénieurs font aussi de la recherche et de la logistique en plus de leur savoir-faire technique et technologique. Le chercheur est amené à toucher à plusieurs spécialités et s'unit à des équipes pluridisciplinaires. Le technicien actualise régulièrement ses connaissances et s'informe sur l'innovation.

1. Recherche et spécialités

6 Classez les champs de savoir dans la grille ci-après : *Archéologie, astrophysique, thermodynamique, psychologie, agronomie, physique, zoologie, gestion de crise, comptabilité, géométrie, épidémiologie, génie logistique, statistiques, paléontologie, génie civil, mécanique, chimie, astronomie, sismologie, géologie, génétique, arithmétique, algèbre, médecine, neurologie, optique, architecture, botanique, économie, génie électrique, écologie appliquée, toxicologie industrielle.*

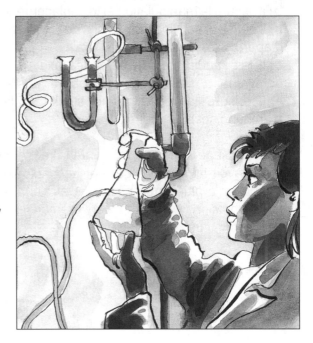

(Parfois plus d'une possibilité de classement)

Les sciences de la matière	....
Les sciences de la terre et de l'univers	....
Les sciences de la vie	....
Les sciences mathématiques et mathématiques appliquées	....
Les sciences de l'homme et de la société	....
Les sciences de l'ingénieur	....
Les sciences du danger	....

1 Les différents champs disciplinaires

LA RECHERCHE en sciences exactes se divise en deux grandes catégories : fondamentale et appliquée ayant recours à diverses techniques et technologies. La recherche fondamentale permet l'acquisition des connaissances scientifiques et la recherche appliquée en fait un usage pratique et les met au service de la technique.

▶ Les sciences de la matière ont pour objet d'étude la matière, ses composés, ses transformations et son rapport avec l'énergie, l'espace et le temps.

▶ Les sciences de la vie étudient les organismes vivants : les cellules, les tissus, les organes et les systèmes…

▶ Les sciences de la terre et de l'univers consistent en l'exploration et la compréhension du fonctionnement des planètes particulièrement la planète terre à travers sa géologie et son évolution.

▶ Les sciences mathématiques étudient les nombres, les fonctions et les figures… Les mathématiques appliquées interviennent dans le traitement des problèmes et des données avec le calcul scientifique et numérique.

Outre cette classification générale, on peut citer d'autres champs de recherche interdisciplinaire dont les sciences de l'ingénieur qui cherchent à développer l'ensemble des connaissances, des procédés, des techniques et méthodes d'application utilisés par les ingénieurs dans un domaine particulier. Aussi, on peut citer les sciences de l'homme et de la société qui s'intéressent à l'Histoire et la vie de l'homme, l'Histoire et la vie des sociétés et des civilisations. Quant aux sciences du danger, elles regroupent les sciences dont le centre d'intérêt est l'hygiène, la sécurité et le développement durable.

Les branches sont interdépendantes, la combinaison des champs disciplinaires en sciences a donné naissance à de nouvelles disciplines où la collaboration entre les chercheurs donne lieu à de l'innovation technologique et à des progrès scientifiques spectaculaires.

Réalisations provenant des travaux de collaboration	Disciplines
1. Déterminer et synthétiser les acides nucléiques	**a)** Informatique, chirurgie, robotique
2. Inventer le microscope électronique	**b)** Biophysique – génie biologique
3. Téléchirurgie par robot télécommandé	**c)** Biologie et chimie (naissance de la biochimie)
4. Conception d'organes artificiels	**d)** Biologie et physique

L'INTERDISCIPLINARITÉ

En sciences et techniques, l'échange et l'interactivité des connaissances, des techniques et des méthodes entre les spécialités se fait de manière systématique. Le génie informatique ne saurait se passer du génie élec-trique, le génie mécanique a recours aux procédés chimiques. L'industrie pharmaceutique compte beaucoup sur le génie logistique : sans une logistique de rigueur, les produits pharmaceutiques se détérioreraient en quittant les laboratoires.

2 Travaux et mérites

Travaux de recherche	Réalisations et mérites
Il a étudié et expliqué… Il a cherché à déterminer, à développer, à préciser, … Ses travaux ont porté sur…, ont contribué à… Il a utilisé les techniques de… pour…	– Il est l'inventeur de…, il a inventé…, il a eu le mérite d'inventer… – Il est le créateur de…, il a créé… – Il est le découvreur de…, il a découvert… – Il est le fondateur de… – Il a mis au point des… – Il a mis en évidence le… – Il a fabriqué… – Il a démontré…

Travaux de recherche	Réalisations et mérites
Il a fait des expériences sur… Il a effectué des recherches sur…	– Il a apporté une contribution à… – Il jeta les bases de… – Ses travaux ont contribué à… – Il est connu en particulier pour ses travaux sur…

8 **Complétez les énoncés avec les verbes et les locutions verbales.**

1. Lavoisier est .... de la chimie moderne.
2. Alfred Bernhard Nobel a .... à développer une façon sûre de manipuler la nitroglycérine. Ainsi, il .... ce que l'on appelle la dynamite
3. Hubert .... le phénomène de la photosynthèse
4. Pasteur .... de la microbiologie
5. Pasteur .... le rôle des germes dans la propagation des maladies infectieuses.

9 **Même exercice**

1. Louis Pasteur a .... le procédé de la pasteurisation.
2. Albert Einstein a .... les théories de la relativité.
3. Henri Becquerel a .... le phénomène de la radioactivité.
4. Galilée a .... la lunette. Il a .... la loi de la chute des corps et les mouvements paraboliques des projectiles.
5. Hofmann a .... le formol et le propénol.
6. Lavoisier a .... le rôle de l'oxygène dans la respiration chez les animaux et chez les végétaux.
7. Lavoisier .... également que le processus de combustion implique la présence d'oxygène.
8. Hartmut Michel et Johann Deisenhofer ont .... à la compréhension de la photosynthèse.

NUANCES DE SENS

Inventer : concevoir une chose ou un objet qui n'existait pas.
Découvrir : révéler une réalité, un phénomène préexistants.
Créer : concevoir, imaginer, donner naissance à une idée, une théorie.
Contribuer : apporter aide et collaboration, participer, être associé à une réalisation.
Démontrer (quelque chose/que) : prouver par une démonstration logique.

3 Les sciences de la matière

10 Au restaurant universitaire, Léo, néo bachelier inscrit en sciences juridiques, discute avec Yannik, ancien étudiant qui prépare un DESS en sciences de la matière. Trouvez ce qui complète leur dialogue.

Léo :   Qu'est-ce que vous étudiez en sciences de la matière ?

Yannick :   Bien entendu nous étudions les disciplines fondamentales, c'est-à-dire
........................., la .... et les ...., nous avons aussi des modules optionnels tels que le ....,
la ...., l' ....

Léo :   C'est quoi le nucléaire ?

Yannick :   Cette matière consiste à étudier ....

Léo :   Et comment vous utilisez les résultats de vos recherches ?

Yannick :   ....

11 Faites correspondre les textes de définition aux noms des disciplines de la liste : a) la mécanique, b) la physique, c) la chimie, d) l'alchimie, e) l'optique, f) l'astronomie, g) le nucléaire, h) l'astrologie.

1. .... : la science qui étudie les transformations de la matière.

2. .... : la science qui a pour objet d'étude la matière, l'énergie, le temps et l'espace.

3. .... : le domaine d'étude de l'énergie provenant des noyaux atomiques et leurs réactions.

4. .... : une partie de la physique qui étudie les mouvements des corps et les forces auxquelles ils sont soumis.

5. .... : une pseudoscience très répandue au Moyen Âge qui cherchait en particulier à transformer les métaux en or.

6. .... : la partie de la physique qui étudie la lumière.

7. .... : la science qui étudie les astres (planètes, étoiles, galaxies, etc.)

8. .... : l'étude des liens entre la position des astres lors de la naissance et le caractère de l'homme, voire son destin.

12 Les termes de la liste ci-après expriment la manière dont se fait la combinaison des particules constituant la matière. Placez chaque terme dans les textes de définition. (Possibilité de répétition du mot) :
a) Le proton, b) L'atome, c) L'électron, d) Le neutron, e) La molécule.

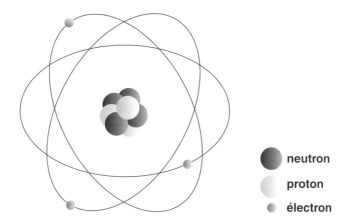

neutron

proton

électron

1. La .... est la plus petite quantité de corps pur possédant les propriétés de ce corps. H_2O est .... d'eau.
2. La plus petite quantité de matière pouvant exister dans une .... est .... Une .... d'eau est composée de deux .... d'hydrogène et un .... d'oxygène.
3. Contrairement au ...., le .... a une charge négative ou nulle, ils constituent tous les deux le noyau atomique.
4. Le .... est l'un des deux constituants .... du noyau atomique. Sa charge est positive.
5. Les .... tournent en orbite autour du noyau atomique.

13 Classez les termes de la liste proposée dans le tableau.
Cristallisation, fusion, réchauffement, dilatation, refroidissement, jaunissement, décompression, évaporation, condensation, compression, solidification, blanchissement, liquéfaction, épuration, distillation, noircissement, rétrécissement, dessalement, carbonisation.

Type de transformation de la matière	Termes désignant la transformation de la matière
Changement de température	....
Changement d'état de la matière	....
Changement de volume	....
Changement de composition chimique	....
Changement de couleur	....

14 Même exercice : *Élévation, chute, irruption, éruption, rotation, baisse, flottement, jaillissement, précipitation, tourbillonnement.* (Parfois plusieurs possibilités).

Types de mouvement	Termes désignant le mouvement
Mouvement du bas vers le haut	....
Mouvement du haut vers le bas	....
Mouvement circulaire	....
Mouvement violent	....
Mouvement brusque	....

15 La radioactivité est la propriété des éléments radioactifs, c'est l'émission spontanée d'un rayonnement par le noyau de ces éléments. Les domaines d'application des radioéléments sont divers. Faites correspondre à chacun des types d'application, son domaine de spécialité :
a) géologie, b) médecine, c) chimie, d) industrie, e) biologie

Application des radioéléments	Domaines
1. Traitement du cancer	....
2. Étude du métabolisme des éléments par l'organisme	....
3. Analyse, mécanismes réactionnels	....

Application des radioéléments	Domaines
4. Étude du déplacement des cours d'eau	....
5. Mesures d'épaisseur, de densité, de niveau, gammagraphie	....

4 Les sciences de la vie

16 Reliez les éléments de la colonne A et ceux de la colonne B.

Disciplines	Définitions
1. Virologie	**a)** Science qui étudie la dynamique des populations et des peuplements (animaux, végétaux…) et le fonctionnement des écosystèmes et des paysages.
2. Botanique	**b)** Domaine de la biologie qui étudie le système de défense de l'organisme.
3. Écologie	**c)** Domaine de la microbiologie consacré à l'étude des virus.
4. Agronomie	**d)** Une science née de l'interaction entre les chimistes et les biologistes.
5. Immunologie	**e)** Science qui étudie la production végétale et son environnement.
6. Microbiologie	**f)** Domaine de la biologie qui étudie les microorganismes (virus, bactéries, champignons, parasites, etc.).
7. Biochimie	**g)** Partie de la biologie consacrée à l'étude des plantes ou végétaux.

17 Même exercice

1. Biosphère	**a)** Regroupe deux éléments indissociables réagissant l'un sur l'autre : la biocénose, une communauté animale et végétale, et le biotope, le milieu que cette communauté occupe.
2. Photosynthèse	**b)** Une zone qui entoure le globe et où la vie se maintient grâce à l'énergie solaire et dont les éléments sont relativement indépendants les uns des autres.
3. Écosystème	**c)** Processus par lequel l'énergie lumineuse est transformée en énergie chimique.

18 **Même exercice**

1. Virus	**a)** Microorganisme, être vivant microscopique et unicellulaire d'une importance capitale pour l'équilibre du monde vivant.
2. Bactérie	**b)** Un microorganisme, un être microscopique, unicellulaire pathogène ou inoffensif.
3. Microbe	**c)** Microorganisme, parasite constitué d'un seul type d'acide nucléique et qui ne peut se développer qu'à l'intérieur d'une cellule. Il est responsable d'infections et de maladies graves.

19 **Écrivez en toutes lettres les sigles : OGM, ADN, VIH, MST, OMS, SRAS.**

Chaîne d'ADN

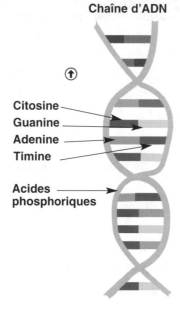

Citosine
Guanine
Adenine
Timine

Acides
phosphoriques

....

....

....

....

....

5 | Les sciences de la terre et de l'univers

20 Reliez les éléments de A à ceux de B.

Disciplines	Définitions
1. Stratigraphie	**a)** Étude des couches rocheuses ayant pour but la reconstitution des géographies du passé.
2. Paléontologie	**b)** Une science pluridisciplinaire dans laquelle des fouilles minutieuses sont effectuées afin de repérer toutes sortes de traces matérielles provenant du passé. Ces vestiges sont soumis à l'analyse afin de reconstituer les modes de vie du passé.
3. Archéologie	**c)** Branche de la géologie dans laquelle on procède à l'analyse des vestiges sédimentaires ou fossiles en vue d'une connaissance des anciennes formes de vie sur la planète terre.

21 Lisez le texte puis répondez aux questions.

LA MÉTHODE DU CARBONE 14 : AVANT – APRÈS

Lorsqu'il s'agit de dater des échantillons organiques appartenant aux derniers 35 000 ans, les scientifiques utilisent communément la méthode de carbone 14 développée par William F. Libby dans les années 1950. L'isotope radioactif du carbone, le C14, est produit par l'interaction des rayons cosmiques incidents avec l'azote de la haute atmosphère. Le C14 sous forme atomique est rapidement oxydé. La photosynthèse en fait entrer une partie dans la biosphère (fixation dans les plantes, puis dans les organismes vivants) tandis que le reste est dissous dans les eaux de surface des océans avant d'être fixé à son tour dans les coquilles des organismes marins. La mort, en interrompant les cycles biologiques, isole les restes des plantes ou des animaux de la source de C14. À partir de ce moment, la quantité de C14 présent dans ces restes décroît exponentiellement avec une demi-vie de 5 730 ans. Comment date-t-on la mort de l'animal ou de la plante ? Dans le passé, les procédés classiques consistaient à mesurer la quantité de C14 demeurant dans les fossiles en produisant du dioxyde de carbone. Cette technique exigeait des temps de comptage relativement longs, jusqu'à plusieurs jours, notamment pour les échantillons d'âges proches des limites de la méthode (autour de 35 000 ans), compte tenu de leur faible teneur en C14. Il fallait de plus utiliser des masses importantes d'échantillons, ce qui entraînait la destruction de grandes quantités de matière à dater. Une révolution technique eut lieu vers la fin des années 1970, lorsqu'il devint possible d'utiliser la combinaison d'un accélérateur nucléaire et d'un spectromètre de masse placés en série pour comparer directement le nombre d'atomes de C14 au nombre de C13 et C12, tous deux des isotopes stables. Cette méthode connue sous le nom d'AMS (pour Accelerator Mass Spectrometry) permet d'utiliser des échantillons mille fois plus petits que la méthode classique. De plus, si le temps consacré à la préparation et au prétraitement de l'échantillon n'est pas écourté, le temps de comptage est réduit à environ une heure. Cette technique a récemment fait parler d'elle. On se souvient en effet en 1992 de la datation de pigments utilisés dans les peintures rupestres dans la grotte Cosquer près de Marseille[1]. Les datations par AMS effectuées au CFR[2] de Gif-sur-Yvette ont conduit à répartir les échantillons en deux groupes distincts, avec certaines couches du sol des peintures donnant des âges de 18 000 ans. Le second groupe qui comprend le dessin d'une main, une fois daté à 27 000 ans, par AMS, est devenu, à l'époque, la plus vieille œuvre d'art du monde à être directement datée. Plus récemment, des datations par carbonne 14 (AMS) d'esquilles de charbon provenant de trois peintures d'animaux de la grotte Chauvet-Pont-d'Arc ont donné des âges voisins de 30 000 ans[3].

1. J. Clottes et al., Bull. Soc. Préhist. Fr., 89, 230, 1992.
2. CFR : Centre des faibles radioactivités ?
3. J. Clottes et al., C.R. Acad. Sci. Paris, t 320, série IIa, 1133, 1995.
La Recherche, n° 308, AvrilL 1998, p. 65.

1. Trouvez les termes qui désignent le savoir-faire d'un archéologue.

– Recherche de l'objet d'étude = ...

– L'objet d'étude = ...

– Le but = ...

– Le procédé = ...

2. Cherchez dans le texte le phénomène qui permet au carbone 14 de se fixer dans les organismes vivants.

....

3. L'expression du texte : la technique AMS « a fait parler d'elle » veut dire que cette technique : ☐ a été critiquée ? ☐ a été remarquable ?
☐ a fait du bruit ?

4. Le texte compare la méthode de carbone 14 à celle d'AMS, complétez le tableau avec les résultats de cette comparaison.

	Carbone 14	AMS
Temps de comptage	....	....
Échantillon	....	....
Limites de la méthode	....	....

6 Les sciences mathématiques et les mathématiques appliquées

22 Reliez les éléments de la colonne A et ceux de la colonne B.

Disciplines	Définitions
1. Algèbre	a) Science qui étudie les relations entre les points, les droites, les courbes, les surfaces et les volumes.
2. Arithmétique	b) Branche des mathématiques qui recueille, traite et analyse un ensemble de données réelles quantifiables pour établir des prévisions et aider à la décision.
3. Statistiques	c) Science majeure qui considère la nature des grandeurs selon leur nature et non selon leur valeur et les représente par des lettres et des symboles.
4. Géométrie	d) Branche des mathématiques consacrée à l'étude des nombres entiers naturels et relatifs, et des nombres rationnels.

23 Barrez ce qui n'est pas associé aux sciences mathématiques ou mathématiques appliquées :

Probabilités, analyse et programmation, géothermie, systèmes algorithmiques, systèmes électroniques, systèmes hyperboliques, méthodes de dosage, méthodes d'approximation, méthodes numériques.

24 Quel est le renseignement fourni par chacune des représentations graphiques de séries statistiques ?

Reliez les éléments de la colonne A et ceux de la colonne B.

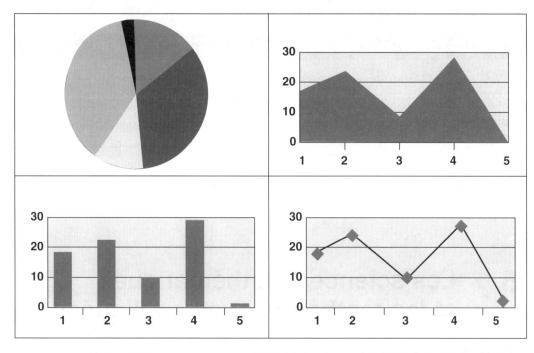

Représentation graphique	Information fournie
1. Camembert ou graphique en secteurs	**a)** Met en évidence les variations continues ou discrètes (discontinues).
2. Histogramme ou diagramme à bâtons	**b)** Met en évidence la grandeur des valeurs et calcule la moyenne des variations.
3. Courbe	**c)** Indique les proportions ou la part de chaque élément du total ou dans l'ensemble. Met en valeur l'élément important.
4. Graphique en aires	**d)** Indique des variations d'une manière discrète (discontinue).

7 Les institutions

25 Présentez les institutions scientifiques les plus remarquables de votre ville et précisez leur particularité.

Recherche et formation

Les universités, les instituts, les laboratoires, les associations jouent le rôle d'enseignement, de formation et d'encadrement, aussi ils forment des réseaux qui permettent aux chercheurs de communiquer et de collaborer. Ils organisent régulièrement des rencontres, séminaires, colloques et congrès. Leurs travaux sont toujours couronnés par la publication.

Recherche et Développement

Le Centre National de Recherche Scientifique http://www2.cnrs.fr
Créé le 19 octobre 1939, le CNRS est un organisme public de recherche fondamentale (Établissement public à caractère scientifique et technologique, placé sous la tutelle du ministre chargé de la Recherche). Il produit du savoir et met ce savoir au service de la société.

Sciences, Culture et Société

Palais de la Découverte http://www.palais-decouverte.fr
Un centre scientifique et un musée de vulgarisation qui offre une approche vivante des sciences : des centaines de manipulations, des dizaines d'animations quotidiennes, des expériences spectaculaires, des conférences. Et le célèbre planétarium qui propose un véritable voyage à travers les astres. Le Palais de la découverte édite aussi une revue mensuelle qui traite de l'actualité scientifique et informe sur les nouveautés de la recherche scientifique et technique.
Cité des Sciences et de l'Industrie http://www.cite-sciences.fr
Une institution qui a pour mission de rendre accessible à tous les publics le développement des sciences, des techniques et du savoir-faire industriel. Elle offre à ses visiteurs une programmation riche et attrayante qui relève de la muséologie, de la médiation culturelle, le spectacle, des structures de documentation et orientation, etc. Elle joue un rôle déterminant dans la diffusion de la culture scientifique et technique.

2. Appareillage et équipements

 1 **Usage et destination**

26 **Remplissez les blancs avec les termes proposés :** *un outil – un engin – un instrument – un appareil – une machine.*

1. Les satellites sont des .... placés en orbite, des outils d'exploration de l'espace et d'observation de notre planète. Aujourd'hui, ils sont indispensables pour les réseaux de télécommunication dans le monde entier.

2. Le sismographe est un .... qui détecte les ondes sismiques provo-quées sur terre par les séismes ou les explosions.

3. Le four à micro-ondes est .... qui utilise des ondes radio dont la longueur varie entre 1 mm et 30 cm mais qui sont de haute fréquence. Ces ondes font vibrer les molécules d'eau contenues dans les aliments et produisent l'échauffement.

4. Une perceuse électrique est .... mécanique portatif qui permet de réaliser des trous, utilisé dans divers travaux, de menuiserie notamment, et qui est souvent équipé d'accessoires qui permettent de poncer, de polir et de limer.

5. Le distributeur automatique est .... qui propose à la vente divers types de marchandise : boissons, confiseries, etc.

> ▶ Le mot « appareil » désigne un assemblage de pièces ou d'organes réunis en un tout pour exécuter un travail, observer un phénomène ou prendre des mesures.
>
> ▶ Le mot « outil » désigne un objet utilisé directement par la main. L'outillage : équipement, matériel d'un métier, d'une usine, ou de bricolage (jardinage, menuiserie et autres).
>
> ▶ Le mot « instrument » est un terme plus général. Il désigne un objet conçu et fabriqué pour servir à l'exécution d'une tâche ou une opération. Il désigne également un appareil, un outil, un engin, une machine, un ustensile… Toutefois, l'instrument est moins concret que « outil » et désigne des objets plus simples que « appareil ».
> Le mot « instrumentation » désigne l'ensemble des instruments ou des appareils conçus pour l'équipement d'une installation ou une machine et désigne à la fois leur fabrication.

> ••• Une « machine » est un appareil simple ou complexe, un instrument mécanique ou électrique, qui fonctionne sous la commande humaine ou automatique : appareils électroménagers, équipement d'usines (machines à moulage), d'ateliers (machines à coudre), des lieux de travail (machine à écrire, ordinateurs, distributeurs automatiques)…
>
> ▶ Certains instruments, appareils et machines, sont appelés plutôt « engins » vu leur usage spécifique, tels le matériel de guerre, de construction, de pêche ou encore les gros véhicules et les appareils aéronautiques.

27 **Que permettent de mesurer ces instruments ? Le mémento étymologique ainsi que le tableau des unités de mesure vous serviront de repère. Exemple :** *Le pied à coulisse : mesure les dimensions, le diamètre.*

La règle : ....

Le palmer : ....

Le voltmètre : ....

L'ampèremètre : ....

Le chronomètre : ....

La balance : ....

Les lentilles : ....

Le pH-mètre : ....

Le thermomètre : ....

28 **Même exercice**

Densimètre : ....

Anémomètre : ....

Conductimètre : ....

Humidimètre : ....

Viscosimètre : ....

Débitmètre : ....

Sonomètre : ....

Respiromètre ou oxymètre : ....

29 Reliez les éléments de la colonne A et ceux de la colonne B.

Colonne A	Colonne B
1. L'analyse bactériologique et physicochimique	**a)** permet de diagnostiquer des parasitoses intestinales.
2. La pH-métrie	**b)** permet le dépistage et le suivi du diabète.
3. L'examen parasitologique des selles	**c)** permet de contrôler la qualité de l'eau potable.
4. Le dosage du taux de glucose dans le sang	**d)** est un examen qui consiste à mesurer le potentiel d'hydrogène.

30 Quel est le nom qui désigne l'ensemble de ces instruments ? Nommez-les sur l'image :

1. pissette, **2.** compte-gouttes, **3.** flacons, **4.** bêcher, **5.** Erlenmeyer, **6.** fiole jaugée, **7.** éprouvette.

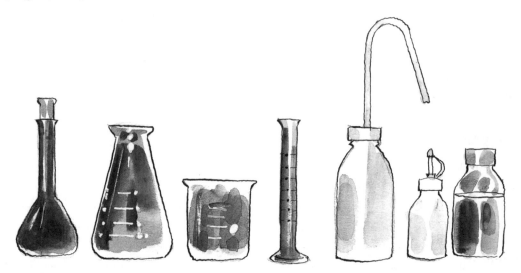

31 Classez les aliments de la liste dans la grille.

Vinaigre : 2 – Soda : 2,5 – Lait : 6,5 – Lessive liquide : 10 – Eau minérale : 7 – Gel douche : 5,7

pH acide	pH neutre	pH basique
....	....	....
....	....	....
....	....	....

32 Comment s'appelle la mesure du pH basique ?

....

33 Famille de mots

Mixer : *(mot anglais)* qui veut dire mélangeur, malaxeur, batteur, appareil électrique servant à mélanger, à battre les aliments.

Faites correspondre les définitions aux mots de la liste : a) bizarre, b) regroupement sonore, c) incorporer, d) mélange

1. Mixtionner veut dire : ....

2. Mixtion veut dire : ....

3. Mixture veut dire : ....

4. Mixage veut dire : ....

2 Conception et montage

34 Complétez les textes de présentation avec l'adjectif qui convient :
a) mécanique, b) électronique, c) électrique, d) Optique.

1. Le microscope est un système .... qui permet d'obtenir une image agrandie d'objets, d'organismes vivants, ou de détails minuscules ou invisibles à l'œil nu.

2. L'oscilloscope est un instrument .... qui permet de visualiser les variations de tension, ou de courant, d'un circuit .... ou .... au cours du temps.

3. La centrifugeuse est un dispositif .... qui utilise le principe de la force centrifuge pour séparer des substances de densités différentes.

  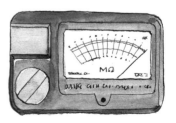

Mécanisme : combinaison, agencement de pièces, d'organes montés en vue d'un fonctionnement d'ensemble. Mécanisme d'un instrument, un appareil ou une machine : mode de fonctionnement.

Dispositif : manière dont sont disposés les pièces ou les organes d'un appareil. Le mécanisme lui-même.

Système : un ensemble cohérent d'organes ayant une structure analogue. Systèmes optique, électrique, électronique.

Principe : le fondement, l'origine ou la source de l'action produite. L'élément matériel qui entre dans la composition, la constitution ou l'élaboration d'un dispositif, mécanisme ou appareillage.

35 **Trouvez le principe qui a permis de concevoir les instruments et les procédés ci-après :**

1. L'aspirateur est le nom donné à divers appareils qui aspirent l'air, les gaz, les liquides, les poussières.

Le principe est : ....

2. Le séchoir est un dispositif composé de tringles où l'on étend les objets à sécher : le linge.

La sécherie est une installation industrielle, un lieu où l'on fait sécher divers produits ou matières : poisson, peaux, tissus, bois…

La sécheuse ou le séchoir rotatif et le sèche-cheveux sont des appareils électriques à air chaud produisant une accélération du principe.

Le principe commun est : ....

3. Comparez ces instruments et les procédés ci-après et trouvez leur principe commun.

Centrifugeuse : en électroménager, c'est l'appareil utilisé pour extraire le jus des fruits ou des légumes.

Écrémeuse : machine utilisée pour isoler les matières grasses du lait.

Drainage : évacuation des eaux.

Essorage (d'une machine à laver le linge) : élimination de l'eau.

Le principe commun est : ....

3 Le microscope

36 Replacez les titres : 1. Le microscope optique – 2. Le microscope optique à balayage – 3. Les microscopes électroniques – 4. Le microscope acoustique.

a. ....
Il utilise les ondes mécaniques longitudinales afin de fournir des images de la structure interne des matériaux opaques à la lumière mais transparents aux ultrasons. Ainsi, il fournit des informations sur les propriétés mécaniques (élasticité, porosité, densité, viscosité…), et sur la structure (relief, microfissures…).

b. ....
Permet, grâce à un système de lentilles, d'obtenir une image agrandie d'objets, d'organismes vivants, ou de détails minuscules ou invisibles à l'œil nu.

c. ....
Permet d'obtenir une microscopie quantitative. Le champ n'étant pas uniformément éclairé, l'image est construite séquentiellement point par point.

d. ....
Utilisent les électrons grâce auxquels on peut visualiser les structures à une échelle bien inférieure à celle que permet un système optique.

37 Complétez les deux titres du tableau par optiques ou électroniques.

A. Éléments constituant les microscopes	B. Éléments constituant les microscopes ....
• Une source de rayonnement lumineux et un dispositif d'éclairage de l'objet	• Des lentilles électroniques magnétiques
• Une optique constituée de plusieurs lentilles assurant la fonction d'agrandissement	• Un ensemble de pompage dont la fonction est de garantir un vide dans l'enceinte du microscope
• Un détecteur permettant l'observation ou l'enregistrement de l'image (œil, émulsion photographique, caméra et moniteur TV)	• Une source d'électrons
• L'échantillon peut être observé en transmission s'il est partiellement transparent à la lumière, ou en réflexion s'il possède un fort pouvoir réfléchissant comme une surface métallique ou minérale	• Un étage porte échantillon
	• Un système d'enregistrement et de visualisation des images produites

38 Reliez les éléments de la colonne A à ceux de la colonne B.

Éléments optiques	Fonction
1. Les oculaires	**a)** sert à régler la quantité de lumière qui le traverse.
2. L'objectif	**b)** est le deuxième système optique du microscope constitué aussi de lentilles convergentes donnant une image virtuelle de l'objet visualisé.
3. Le diaphragme	**c)** est le système optique constitué de lentilles convergentes donnant de l'objet visualisé une image réelle renversée et très agrandie.

39 Quelles sont les unités de mesure employées dans la microscopie et quels sont leurs symboles ?

4 Votre four à micro-ondes

40 Vrai ou faux ?

	Vrai	Faux
Un four à micro-ondes classique cuit, réchauffe, décongèle et réussit de succulents gâteaux.	❒	❒
Un four à micro-ondes muni d'un gril gratine vos préparations culinaires.	❒	❒

	Vrai	Faux
Un four à micro-ondes combiné cuit, réchauffe, décongèle et gratine vos plats.	❏	❏
Les fours à micro-ondes utilisent des récipients de toutes sortes de matériaux.	❏	❏
Il est inutile de couvrir vos plats pendant la cuisson.	❏	❏

41 **Comparez les deux fours à micro-ondes décrits ci-dessous.**

Modèle : gril et combiné	*Modèle :* classique
Capacité : 40 litres	*Capacité :* 25 litres
Plateau : 30 cm	*Plateau :* 20 cm
Programmation : mécanique, électro-mécanique, électronique (des touches mémoire pour répéter des cuissons fréquentes, des fonctions automatiques de cuisson et de décongélation)	*Programmation :* mécanique (une minuterie, un sélecteur de puissance et un sélecteur de fonction).
Options : « départ différé » : Vous programmez, vous revenez, le repas est prêt.	
Sécurité : la porte reste bloquée pendant la cuisson	*Sécurité :* gardez la porte fermée pendant la cuisson
Prix : 190 €	*Prix :* 80 €

42 **Complétez les instructions du technico-commercial :**
a) Quand – b) jamais – c) pendant – d) régulièrement – e) systématiquement – f) en – g) dans – h) souvent – i) après.

1. Entretenez .... votre four.

2. .... chaque utilisation, essuyez les parois, l'intérieur de la porte et les joints avec une lavette humide.

3. .... vous n'êtes pas certain d'un ustensile, testez-le en le plongeant dans l'eau et en déclenchant le four .... une minute.

4. Une décongélation rapide se fait .... 2 min.

5. Les ustensiles de cuisson sont le plus .... en verre, en porcelaine, en faïence et en plastique. Attention, certains plastiques sont inadaptés et les métaux sont .... proscrits.

6. Ne fermez .... hermétiquement un récipient, il pourrait se fissurer ou exploser.

43 Rédigez la recette qui permet d'éliminer les mauvaises odeurs d'un four à micro-ondes à partir des éléments suivants :

– Un bol dans le four
– 1 verre de jus de citron ou de vinaigre
– 2 verres d'eau
– chauffer le mélange (10 min)
– laisser reposer (10 min)

44 Matériaux.

Revêtement intérieur et ustensiles	Propriété
1. L'inox	**a)** absorbe la chaleur et la diffuse pour des aliments cuits en douceur.
2. La céramique-émail	**b)** ne captent pas les ondes.
3. La faïence dorée	**c)** captent les ondes.
4. Le verre et le plastique adaptés	**d)** facilite le nettoyage.
5. L'aluminium et le fer	**e)** provoque des étincelles.

45 Votre four à micro-ondes tombe en panne, vous contactez le service après-vente. Construisez le dialogue.

3. Techniques et techniciens

1 Autour du mot technique

> ▶ **Les technique(s) :** C'est l'ensemble des procédés d'application du savoir théorique, c'est l'aspect pratique d'une chose ou un savoir-faire qui relève d'une spécialité. Le terme est associé aux outils mais aussi aux méthodes de raisonnement, de gestion et d'organisation.
>
> ▶ **La technique :** le savoir-faire, la manière de procéder, le procédé lui-même, la prise en charge de l'aspect matériel.
> (La locution verbale « avoir la technique veut dire savoir s'y prendre ».
>
> ▶ **La technicité :** la qualité de ce qui fait montre d'un savoir-faire ou qui l'exige.
>
> ▶ **Le technicien :** un professionnel qui maîtrise les techniques de son domaine.
>
> ▶ **Techniquement :** considérant l'aspect pratique qui mène au résultat recherché.
>
> ▶ **Les technologies** sont l'ensemble des savoirs, des procédés, outils, machines et méthodes qui font usage des dernières découvertes et applications scientifiques à savoir l'innovation technologique.
>
> ▶ Les nouvelles technologies de l'information et de la communication **(NTIC)** désignent les découvertes en informatique et communication.
>
> ▶ **Technologique :** qui a trait aux dernières découvertes et applications scientifiques.
>
> ▶ **Les technologues :** spécialistes qui s'occupent de l'étude des procédés et des équipements utiles à l'industrie.

46 **En vous aidant de l'encadré, complétez les phrases : a) technique, b) techniquement, c) technicité, d) technologie, e) technologues f) technologiquement, g) technicien.**

1. Une équipe de .... a été formée pour étudier le projet de mise en place d'une nouvelle entreprise industrielle spécialisée en microinformatique.

2. Beaucoup d'effets spéciaux sont rendus .... possibles grâce au génie logiciel.

3. .... du catalogue ne me permet pas de choisir mon caméscope numérique, je devrais consulter un technico-commercial.

4. Notre service après vente fait appel à des .... compétents.

5. Ne vous en faites pas pour lui, pour fidéliser la clientèle, c'est facile, il a .... !

6. Votre cahier de charge quoique compliqué est .... réalisable, vous pouvez compter sur notre architecte.

7. Les ingénieurs en informatique maîtrisent les .... de pointe.

2 Les techniciens et les secteurs d'activité

47 Qui sont-ils ?

Leur métier est la maintenance, ils travaillent aux services d'entretien, ils ont des ateliers de réparation, ils sont recrutés par de grandes entreprises ou sont indépendants.

a) Frigoriste, b) automaticien, c) mécanicien, d) agent de maintenance des bâtiments, e) agent technique de maintenance en chauffage, f) chaudronnier, g) électromécanicien.

1. ....

Selon leur secteur d'activité, ils contrôlent les véhicules industriels, ils réparent le matériel des travaux publics, de manutention et de levage, ils sont chargés de la maintenance ferroviaire, ils entretiennent et surveillent les engins aéronautiques.

2. ....

Son métier exige de la polyvalence, il contrôle l'état de l'installation électrique, l'état des toitures, il répare des fusibles, interrupteurs défectueux…, il évalue les travaux à réaliser, il supervise une équipe de techniciens, travailleurs et artisans ou ouvriers. Avec eux, il assure la sécurité et le confort des occupants.

3. ....

Il surveille, entretient, dépanne et met en service l'installation thermique. Il manipule un outillage de plomberie et de soudage, il effectue des mesures électriques, mécaniques, physiques. Il respecte les consignes d'hygiène et de sécurité et utilise l'équipement de protection (casque, lunettes, gants…).

4. ....

Il maîtrise certaines technologies, il connaît les langages informatiques nécessaires pour interroger et reprogrammer les automates industriels, il travaille dans plusieurs types d'industries.

5. ....

Il répare, remplace, sinon fabrique les pièces en panne en veillant à leur rendre la forme initiale et à conserver leurs propriétés de résistance mécanique. Il maîtrise les procédés de pliage, d'étirage, cintrage… etc.

6. ....

Il s'occupe de réglage, de réparation et d'entretien des organes ou d'ensemble d'organes mécaniques, électriques et électroniques d'un équipement de production industrielle ou d'une installation dans le bâtiment ou encore de véhicules.

7. ....

Il surveille, dépanne et entretient des appareils et installations de climatisation, des systèmes de réfrigération.

48 **Cas de panne.**

Reliez les phrases de la colonne A à celles de la colonne B.

1. L'ordinateur est en panne.	**a)** Je me rends au service après-vente.
2. Si votre four à micro-ondes semble endommagé,	**b)** Il faut faire appel à un ascensoriste.
3. Il y a une fuite d'eau,	**c)** J'appelle un technicien en informatique.
4. Le nouveau caméscope tombe en panne.	**d)** appelez un professionnel qualifié pour détecter la panne.
5. L'ascenseur s'arrête de temps en temps.	**e)** j'appelle un plombier.

Autour du mot panne

▶ **Est en panne :** est hors service, ne marche pas, fonctionne mal ou cesse de fonctionner, est bloqué par un incident technique…

▶ **Tomber en panne :** être défectueux, être endommagé, s'arrêter…

▶ **Détecter la panne :** découvrir un dysfonctionnement, déceler, repérer l'anomalie…

▶ **Réparer la panne :** dépanner, mettre en service, mettre en marche, corriger, entretenir, rétablir…

▶ (**Je suis en panne :** j'ai un petit ennui, j'ai un pépin, je manque de…)

49 Vous appelez un plombier, imaginez votre conversation téléphonique. L'encadré de la page vous aidera à localiser.

Le plombier : Plomberie du sud, bonjour.

Vous : Bonjour monsieur, j'ai besoin de réparer une installation de douches, pourriez-vous m'envoyer un technicien qualifié ?

Le plombier : C'est dans quel arrondissement ?

Vous : Dans le 17e, c'est dans une vieille salle de gym.

Le plombier : Et comment y arriver ?

Vous : ....

....

....

Localiser

Situer dans le bâtiment : à l'entrée, au sous sol, au rez-de-chaussée, à l'étage, au dernier étage, à la terrasse, au jardin, au garage…

Situer dans le quartier : dans la rue principale, dans le boulevard, à l'avenue, la première, la deuxième rue, c'est une petite ruelle, c'est une impasse, c'est une grande place…

Situer par rapport à un lieu : juste à côté de, à proximité de, en face de, devant, derrière, à gauche de, à droite de, au fond de, tout près de, non loin de, …

Tracer l'itinéraire : vous allez tout droit, vous longez le mur de, vous prenez la rue, vous passez le carrefour, vous traversez, vous tournez, etc.

---

50 Se rendre au service après-vente.

Son four à micro-ondes tombe en panne, le vendeur l'oriente vers un technicien du service après-vente. Imaginez son dialogue avec le technicien à partir du canevas.

1. Le technicien demande si elle avait essayé de faire réparer le four.

2. La cliente répond qu'elle a juste lu le mode d'emploi.

3. Le technicien cherche à connaître toutes les utilisations qu'elle a faites de son four.

4. La cliente insiste sur sa bonne connaissance des consignes et recommandations.

5. Le technicien fait plusieurs suppositions sur l'origine de la panne puis conclut sur un défaut de fabrication.

Hélène : Bonjour monsieur, le four à micro-ondes que vous m'avez vendu il y a à peine 3 jours est peut-être en panne, en tout cas, il ne marche plus depuis ce matin.

Le vendeur : Bonjour madame, vous avez votre garantie sur vous ?

Hélène : Oui, bien sûr, j'ai une garantie d'un an.

Le vendeur : Très bien madame, je vous prie d'attendre une seconde, j'appelle un technicien.

51 **À partir des annonces affichées ci-après, décrivez la panne et la nature des travaux à effectuer.**

En raison des travaux d'entretien effectués au troisième étage, le courant électrique sera coupé entre 16 h et 18 h.
Nous vous remercions pour votre compréhension
La concierge

Pour des raisons de sécurité et en attendant les résultats de l'expertise, le personnel de l'entreprise est prié d'évacuer le bâtiment dès ce matin du 14 décembre.
Merci pour votre collaboration
La direction

Thierry DUCHAMPS
Agent de maintenance
des bâtiments
S.I.T.S.

À Monsieur le Directeur
général des S.I.T.S.

Objet : travaux de maintenance

Mardi 5 mars 05

Monsieur le Directeur,

Suite à votre demande, notre service a préparé les travaux à effectuer. Je vous soumets ci-joint le programme de maintenance de l'aile droite du bâtiment principal et une proposition de date.

Ainsi selon les réglementations et pour plus de sécurité et de confort du personnel, nous proposons que les services du bâtiment concerné vaqueront la journée du vendredi 15 mars, la journée du lundi 18 mars et la matinée du mardi 19. Aussi, les lieux ne seront pas accessibles au personnel pendant le week-end.

En effet, les travaux à entreprendre prévoient l'utilisation de produits à risque et un appareillage bruyant. L'opération demande quatre journées consécutives à l'équipe d'entretien et une demi journée aux techniciens de surface.

Veuillez agréer, Monsieur le Directeur général, l'expression de mes salutations distinguées.

Signée :
T. D

P.J. : programme de maintenance

52 Rédaction de circulaire.

Rédigez une circulaire au nom de la Direction générale à l'attention du personnel du bâtiment principal. Vous rappelez les différentes pannes qui ont touché récemment l'aile droite du bâtiment, vous informez de l'arrêt du travail et vous appelez le personnel à effectuer des heures supplémentaires afin d'être à jour dans leur travail les deux semaines suivantes.

3 Les techniques et les procédés

TRADITIONS

Traditionnellement, nos ancêtres possédaient divers procédés et techniques de conservation des aliments. Les méthodes les plus connues sont celles qui utilisaient le dépeçage, la dessiccation et la salaison ou le salage. Cela consistait à éliminer l'humidité d'un corps puis le saler sec ou trempé dans une saumure (eau très salée) et le sécher au soleil. D'autres produits ont été réputés pour leur qualité de conservation, à savoir : le sucre employé dans la préparation de gelées et confitures, le gras servait d'enrobage de même que l'huile, le vinaigre ajouté à l'eau salée conservait les petits légumes. La stérilisation et le traitement des aliments moyennant la chaleur et les ustensiles hermétiques est un procédé qui remonte à plusieurs siècles. Aujourd'hui, ces mêmes procédés sont utilisés technologiquement et donnent lieu à des traitements chimiques.

53 Replacez les titres :

a) la fermentation, b) la stérilisation, c) la salaison, d) la distillation.

1. ....
Utilise le nitrate de sodium ou de potassium pour conserver les viandes, procédé parfois remis en question à cause de la possible formation de nitrosamine qui pourrait avoir des effets cancérigènes.

2. ....
Modifie chimiquement les substances organiques sous l'action d'enzymes produits par les moisissures, les bactéries et les levures.

3. ....
Consiste à séparer deux composants contenus dans un même liquide, on procède par une vaporisation suivie d'une condensation.

4. ....
Technique de conservation des aliments qui consiste à éliminer les bactéries. Aussi opération consistant à détruire les germes.

54 Complétez le tableau :

1. salaison, 2. moulage, 3. stérilisation, 4. distillation, 5. Fermentation.

Le procédé	Le résultat
	a) vin, alcool, pain
	b) eau douce
	c) conserves de viande
	d) conserves de lait
	e) donner des formes aux produits

55 Même exercice :

a) congélation, b) fusion, c) décongélation, d) solidification, e) vaporisation,
f) condensation, g) liquéfaction, h) sublimation.

L'effet recherché	Procédé utilisé
1. Transformer un solide en un liquide.	
2. Transformer un liquide en un solide.	
3. Transformer un gaz en un solide.	
4. Transformer un liquide en un gaz.	
5. Transformer un gaz en un liquide.	
6. Transformer un solide en un gaz.	

56 Reliez les éléments de la colonne A aux éléments de la colonne B.

Procédé	Utilisation
1. Chromatographie	**a)** Traitement des eaux usées
2. Ozonisation	**b)** Extraire des huiles essentielles
3. Épuration	**c)** La procréation
4. Entraînement à la vapeur	**d)** Étape dans la production de l'eau potable
5. Fécondation in vitro	**e)** Revêtement de carrosserie automobile

57 Trouvez pour chacune des substances chimiques, le goût qui lui correspond et un exemple d'aliment qui en contient.

Substance chimique	Goût	Aliments
Le chlorure de sodium		
Le glucose		
La quinine		
L'acide citrique		
L'acide acétique		
La vanilline		

58 Lisez le texte puis répondez aux questions.

Le diamant le plus dur du monde

Des chercheurs japonais de l'université d'Ehime ont réussi à fabriquer le diamant artificiel le plus dur du monde. Ils ont obtenu ce diamant « polycristallin » à partir de graphite (carbone cristallisé) chauffé pendant environ cinq minutes à une température comprise entre 1800 et 2500 degrés Celsius, contre 1 500 et 1 800 degrés Celsius pour les diamants synthétiques conçus avec les méthodes actuellement disponibles. Deux fois plus résistants que les diamants conventionnels, il pourra être utilisé pour sculpter les diamants naturels et comme lame pour creuser la roche. Le procédé a été décrit dans le magazine britannique *Nature*.

M.H.F.

Revue découverte, n° 307, avril 2003.

1. Quel procédé est utilisé pour fabriquer le diamant artificiel ? Donnez sa définition.

2. Que veut dire un diamant polycristallin ?

3. Comment est-il obtenu ?

4. Quelle est sa principale qualité ?

5. Quel est le terme contraire de polycristallin ?

6. Quels métiers bénéficieront de ce diamant polycristallin ?

4 Hygiène, sécurité, développement durable

59 Risque, danger ou cas d'urgence.

Même exercice

Événement	Qui appeler ?
1. Un accident en mer.	**a)** Un chauffagiste de maintenance.
2. Installation de chauffage défectueuse.	**b)** La protection civile.
3. Une diffusion du monoxyde de carbone dans l'air.	**c)** Les sapeurs-pompiers.
4. Un SDF est évanoui dans un parc de la ville ?	**d)** Les nageurs sauveteurs.
5. Un incendie se déclare.	**e)** Le centre anti-poison et de toxico-vigilance.

ISO

(International Standards Organization : organisation internationale de normalisation). Une organisation non gouvernementale chargée de l'élaboration des normes techniques susceptibles d'améliorer les niveaux de qualité, fiabilité, sécurité, efficacité, interchangeabilité et qui s'appliquent durant tout le processus de la production économique.

L'ISO est un réseau qui compte 148 pays membres représentés par un institut national de normalisation. Le secrétariat général chargé de la coordination siège à Genève.

ISO 9000 concerne « le management de la qualité » et assure la satisfaction des exigences des clients par l'amélioration des performances.

ISO 14000 traite de l'effort que toute activité économique doit consentir pour réduire au minimum les effets dommageables sur l'environnement.

Le recyclage de la collecte sélective est une démarche de développement durable qui s'inscrit dans le label de qualité ISO 14000.

Le développement durable doit répondre aux besoins du présent sans compromettre les capacités des générations futures à répondre aux leurs, c'est-à-dire qu'il doit mesurer ce que notre environnement peut supporter sur le long terme.

60 Plusieurs techniques et études ont vu le jour avec l'intérêt porté à l'hygiène, la sécurité et au développement durable. Replacez-les :

a) ergonomie, b) fiabilité humaine, c) sûreté de fonctionnement, d) écologie appliquée, e) épidémiologie, f) toxicologie industrielle, g) gestion de crise.

1. ....

L'étude qui consiste à envisager et planifier un éventail de crises naturelles ou économiques ou provoquées par l'homme et qui aidera à la prise de mesures et de décisions diverses.

2. ....

Discipline médicale qui détermine les causes, l'incidence et le déroulement caractéristique de la maladie en vue de la contrôler.

3. ....

Une approche qui détecte et récupère les erreurs pour éviter le désastre. L'analyse des accidents et des incidents permet de concevoir les procédures sécuritaires.

4. ....

Analyse, évalue et contrôle les dangers liés aux substances chimiques et produits industriels liés à l'habitat et au travail ou dans le commerce et ce en vue de prendre les mesures préventives.

5. ....

Un domaine de consultation en environnement. La mission est confiée à des experts-conseils capables d'évaluer les impacts environnementaux du projet à étudier et d'établir les normes qui respectent les ressources naturelles.

6. ....

Vise le maintien du bon fonctionnement d'un système ou d'un produit dans le temps, à un coût moindre en prévenant les défaillances.

7. ....

Vise la facilité d'usage et la convivialité du produit à commercialiser. Contrôle aussi l'organisation et l'aménagement des locaux et des équipements.

61 Cochez la case :

Étude ou technique	Centre d'intérêt		
	Homme	Population	Environnement
Écologie appliquée			
Ergonomie			
Toxicologie industrielle			
Recyclage des déchets			
Épidémiologie			

62 Reliez les éléments de la colonne A aux éléments de la colonne B.

1. Un testeur de fiabilité de mot de passe	**a)** on y dépose un cristal ionique à savoir le sel (du chlorure de sodium).
2. L'hiver, pour faire fondre la neige sur les routes,	**b)** on prescrit à la population de consommer du sel iodé.
3. Pour prévenir la maladie du goitre,	**c)** permet de mieux sécuriser un système informatique.

63 Trouvez la légende de chacun des panneaux de signalisation.

....

....

....

....

....

....

....

....

....
....

....
....

64 **Accidents.**

Steak surgelé : danger

Le syndrome du steak surgelé est à l'origine d'une épidémie de Manchester. Vingt-sept patients ont été recensés en l'espace de trois ans. Les symptômes sont décrits par le British Medical Journal : blessure de la paume de la main (gauche, généralement) et des doigts, avec atteinte fréquente des nerfs et des tendons. On l'aura compris : il s'agit des blessures occasionnées par la manipulation de steaks surgelés qu'on essaye de séparer les uns des autres.

Notant que ce type d'accident domestique est fréquent et entraîne des conséquences économiques considérables (interruptions de travail, séquelles éventuelles), les auteurs suggèrent d'imposer aux producteurs un conditionnement sous emballage unitaire.

Revue Découverte, N° 25, décembre 9, p. 20.

1. Où se trouve Manchester ?
2. Expliquez comment le steak surgelé a-t-il donné lieu à un syndrome ?
3. Pourquoi parle t-on d'une épidémie ?
4. Comment qualifier cette erreur dans la production et la mise en vente du steak surgelé ?

4. Génies et ingénierie

1 Autour du mot génie

> ▶ En sciences et techniques, le génie : nom masculin généralement employé au singulier désigne l'ensemble des techniques et des procédés utilisés par les ingénieurs pour créer, concevoir et produire ce qui répond aux besoins de la société. L'ingénierie est la science qui regroupe les différentes branches et les différents génies.
>
> ▶ Un génie : est une personne qui possède dans son domaine des capacités créatives exceptionnelles tel Mozart qui est un génie en musique.Le mot désigne aussi cette capacité, on dit le génie de Mozart.
>
> ▶ Être de génie c'est être exceptionnellement brillant dans son domaine, Mozart est un musicien de génie.
>
> ▶ Le génie de : le caractère distinctif d'une chose : le génie de la langue.
>
> ▶ Le génie est un être doté de pouvoirs surnaturels, le génie de la lampe d'Aladin.

65 **Remplir les blancs :**

a) Le génie, b) un génie, c) de génie, d) son génie.

1. Cet ingénieur a du talent, c'est .... en informatique.

2. Pour avoir de bonnes idées, il fait appel à .... bienveillant.

3. Cet ingénieur a beaucoup d'expérience, sa spécialité est .... industriel.

4. Léonard de Vinci était .... pluridisciplinaire.

2 Branches de l'ingénierie

66 Dans une réunion de travail, le Directeur des ressources humaines fait un compte rendu oral sur les nouvelles recrues de l'entreprise.

Complétez cet extrait de son texte avec les noms de postes proposés par la liste : *Développeur en informatique – ingénieur chercheur – technicien en logistique d'entrepôt – technicien supérieur – ingénieur industriel.*

Gérard est docteur en chimie informatique, il maîtrise des technologies de pointe dans la fabrication de pneumatiques auto, il occupera le poste de .... (1), ses compétences sont précieuses pour garantir la qualité de notre nouvelle gamme de pneus.

Le nouveau poste de .... (2) sera occupé par Fabrice, spécialiste dans le maintien des applications informatiques qui apportent une solution technologique devant faciliter et rendre plus performants nos produits pneumatiques.

Et afin d'assurer le bon fonctionnement de la nouvelle usine, nous avons recruté Paul .... (3) et Philippe .... (4). Ils ont tous les deux plusieurs années d'expérience en production, optimisation des procédés de fabrication, installation, maintenance ....

Maintenant que nous avons développé nos capacités de production et de stockage, nous avons par conséquent agrandi l'équipe de gestion du stock en recrutant deux .... (5) : François et Patrick.

67 Spécifiez le génie en question :

a) Industriel, b) mécanique, c) électrique, d) civil, e) informatique,
f) chimique, g) logiciel.

1. Le génie ....
C'est la conception, l'installation et le perfectionnement des machines qui utilisent de l'énergie. C'est la maîtrise des procédés d'usinage, de soudage, et d'assemblage, l'automatisation, la robotisation, l'hydraulique, la pneumatique, etc.

2. Le génie ....
Regroupe l'électrotechnique et l'électronique. La première branche concerne la production, le transport, la distribution et l'utilisation de l'énergie électrique. Quant à l'électronique, elle vise la conception et la fabrication de circuits et d'appareils électroniques.

3. Le génie ....
S'occupe de la conception des barrages et aqueducs, ponts, routes, aéroports et autres infrastructures. Comprend également les équipements utiles à l'habitat, au transport et à l'industrie. Comprend enfin tout savoir-faire utile à la préservation de l'équilibre environnemental.

4. Le génie ....
Encore appelé génie des procédés, c'est la maîtrise des réacteurs chimiques, des techniques de séparation, de purification, le transfert des fluides et des solides, etc. C'est aussi l'élaboration des produits alimentaires, pharmaceutiques, des matières synthétiques, le traitement de l'eau, la gestion des déchets…

5. Le génie ....
La conception et la fabrication des ordinateurs, des processeurs et des modems…

6. Le génie ....
Focalise plutôt sur la programmation et la production de logiciels.

7. Le génie ....
Orienté plutôt vers la gestion et l'organisation de l'entreprise, l'ingénierie de la qualité et de la fiabilité, la veille technologique et concurrentielle, etc.

3 Les bureaux d'études

Les bureaux d'études sont fondés par des équipes interdisciplinaires d'ingénieurs et de techniciens qui regroupent des spécialistes de l'audit, du conseil et de la formation en entreprise, des experts scientifiques et techniques qui se consacrent à l'étude et le suivi des projets.

68 **Replacez les différentes prestations d'un bureau d'étude et ingénierie :**

a) l'audit, b) la réparation, c) la logistique, d) la maintenance, e) l'expertise, f) la formation, g) l'assistance technique.

1. ....
Garantir les meilleures conditions et les meilleurs délais de livraison des produits commandés.

2. ....
Transférer leur savoir-faire et apprendre à leurs clients l'utilisation des techniques et des produits de leur secteur d'activité.

3. ....
Contrôler le respect des normes et de qualité des produits.

4. ....

Veiller sur l'amélioration des performances des systèmes de production et la disponibilité de l'outil de production au coût optimal.

5. ....

Remettre à neuf les machines et leur assurer une longue durée de vie avec un coût bien inférieur à celui de l'achat d'un équipement neuf.

6. ....

Examiner les machines détériorées et apporter les renseignements exacts et nécessaires à la compréhension des causes de panne ou défaillance afin de garantir un fonctionnement optimal à l'avenir.

7. ....

Délivrer les conseils appropriés et les préconisations de rigueur en matière de montage et démontage afin d'assurer aux machines une durée de vie optimale.

4 Le génie génétique

Des OGM contre les mines

Au Centre de Culture contemporaine de Barcelone, une installation simule un terrain miné. Boum ! Vous avez marché sur une mine. Au mieux, vous avez perdu une jambe. Au pire, vous n'êtes plus de ce monde. Vous posez le pied au mauvais endroit ? Une violente déflagration se fait entendre. La Croix-Rouge, organisatrice de l'exposition, n'a pas poussé plus avant le réalisme de l'expérience. Les visiteurs repartent indemnes, mais sensibilisés à un problème qui a fait 15 000 victimes en 2003 – et auquel des scientifiques danois viennent d'apporter une solution inédite : un cresson génétiquement modifié permettant de détecter la présence de mines enfouies dans le sol. La société Aresa Biodetection, une entreprise de biotechnologie de Copenhague, a mis au point une plante qui change de couleur au contact des explosifs. En trois à six semaines, le cresson passe du vert au rouge dans les zones où les racines absorbent le dioxyde de nitrogène émis par les engins qui n'ont pas explosé. Les graines pourraient être semées par avion.

Courrier International, N° 692
du 5 au 11 février 2004.

69 Cochez la bonne réponse :

1. Simuler un terrain miné veut dire :
le cultiver ❐   le reproduire artificiellement ❐   l'activer ❐

2. Vous n'êtes plus de ce monde veut dire :
vous n'êtes plus sur terre ❐   vous n'êtes plus dans ce terrain ❐
vous n'êtes plus vivant ❐

3. L'expression « une solution inédite » veut dire :
qui n'a pas été dite ❐   Qui a été édité ❐   Qui n'est pas connue ❐

4. L'expression « une violente déflagration » veut dire :
un grand cri ❐   une forte explosion ❐   une attaque violente ❐

5. Enfouis dans le sol veut dire :
trouvés dans le sol ❐   enterrés dans le sol ❐   recherchés dans le sol ❐

6. La plante change de couleur au contact des explosifs à cause d'un procédé :
chimique ❐   génétique ❐   biochimique ❐

5 Le génie électrique

IBM met du cuivre dans ses puces

IBM vient d'annoncer la mise au point d'une technique de dépôt de cuivre sur les plaquettes de silicium, permettant de créer des circuits intégrés plus petits et plus puissants que les circuits actuels, où les contacts sont assurés par les dépôts d'aluminium. Le cuivre est en effet meilleur conducteur, ce qui permet à la fois de diminuer la taille des « fils » et la chaleur dégagée par un courant donné. On ne dispose encore d'aucun détail sur cette technique.

Revue Découverte, N° 253, décembre 9.

---

70 IBM met du cuivre dans ses puces

1. De quelle partie du génie électrique relève cette recherche ?

2. Quels spécialistes ont mis au point la technique en question ?

3. Quelle est la nouveauté apportée par cette technique ?

4. Pourquoi cette technique s'avère t-elle avantageuse dans la production d'une puce ?

5. Qu'est-ce qu'un conducteur ?

6. Donnez des exemples de conducteurs ?

7. Quel est le contraire d'un conducteur ?

8. Le silicium est-il un conducteur ?

6 Le génie chimique

Les bateaux en synthétique

Le polyester ne sert pas que dans l'industrie textile : on l'utilise également pour fabriquer des bateaux ! Il présente l'avantage d'être léger et facile à réparer, et bénéficie d'une bonne durée de vie. Comme il n'est pas très résistant, il doit toujours être renforcé par une fibre, en général une fibre de verre ou une fibre de carbone. Cette dernière est très rigide, mais elle présente une faible résistance à l'impact. C'est pourquoi les constructeurs emploient également une fibre aramide.

Revue Découverte, N° 260, juillet-août-septembre 98.

1. Qu'est-ce que le polyester ?
2. Quel est le procédé chimique qui permet de l'obtenir ?
3. Quelles sont les qualités générales des produits synthétiques ? Donnez-en des exemples.
4. Quel est le contraire d'un produit synthétique ?

7 Ergonomie

Ça fait comment d'avoir 70 ans

Afin de mieux comprendre les difficultés auxquelles sont confrontés les vieillards, un simulateur permet à des ingénieurs de ressentir les contraintes physiques liées au grand âge.

DER SPIEGEL
Hambourg

Les tests sont malaisés : la liberté de mouvement est restreinte par des bandages, et des lests de plomb – jusqu'à 14 kg –, répartis dans toute la combinaison, entravent la mobilité. Un casque à visière étroite et opaque rend floue la vision du monde extérieur. L'objectif du « simulateur de vieillesse » de la société Meyer-Hentschel Consulting, de Sarrebruck, est de procurer à son utilisateur la sensation d'avoir 70 ans.

C'est donc pour mieux saisir les problèmes que connaissent les personnes âgées que les ingénieurs en recherche et développement de l'industrie automobile et de l'électroménager (machines à laver) enfilent péniblement cette combinaison qui leur donne l'air d'un astronaute.

« Les études de marché classiques avaient le défaut de ne se fonder que sur des tranches d'âge situées entre 15 et 60 ans », explique Katharina Frings, qui travaille dans cette société de conseil en entreprise spécialisée dans les produits du troisième âge. Par exemple. l'étiquetage de nombreux produits est si petit que de nombreuses personnes âgées ne peuvent pas le lire. Quant au nettoyage d'un filtre de machine à laver, il exige une telle gymnastique qu'il devient souvent impossible au-delà d'un certain âge.

Le simulateur de vieillesse révèle ainsi les déficiences de nombreux produits. Un jeune designer, après avoir enfilé la combinaison et mis le casque en vue de tester la coquetière qu'il venait de concevoir, s'est rendu compte qu'il n'obtenait jamais d'œufs à la coque – seulement des œufs durs. C'est le casque, qui étouffe les hautes fréquences, qui lui a permis de découvrir que la fréquence de la sonnerie d'avertissement de fin de cuisson des œufs, trop haute, était inaudible pour la plupart des personnes âgées.

L'industrie ne s'intéresse évidemment pas au troisième âge pour des raisons purement philanthropiques. Les personnes âgées constituent en effet une cible commerciale de choix – fort pouvoir d'achat, tranche d'âge de plus en plus nombreuse – détenant actuellement 48 % des revenus disponibles. D'où l'intérêt de concevoir des coquetières dont la sonnerie s'entend au-delà de 60 ans.

Courrier international, N° 434.

72 **Répondez aux questions en vous référant au texte.**

1. Quelles sont les contraintes physiques simulées ?

2. Trouvez dans le texte le lexique qui indique les prestations de services réalisées par un bureau d'études auprès d'une entreprise et classez-les dans le tableau.

Étude ou approche	Prestations	Le but
Ergonomie		
Conseil		
Expertise		

3. L'intérêt porté à l'homme dans ces approches relève t-il de l'hygiène et sécurité ou a-t-il d'autres causes ?

5. Progrès et dangers

1 Réalisations et limites

73 Cochez les cases :

	Des progrès remarquables	Risques et dangers	Débat éthique et juridique
L'assistance médicale à la procréation			
Les OGM			
Les greffes d'organes			
La vente d'organes			
Le clonage			
Les vaccins			
L'affaire de la vache folle			
L'affaire du sang contaminé			
L'énergie nucléaire			
Les armes de destruction massive			
L'euthanasie			

74 Même exercice

	Les limites de l'expertise scientifique	Les limites du développement durable
Les greffes d'organes et rejet		
Le réchauffement de la planète		
Le SIDA		

	Les limites de l'expertise scientifique	Les limites du développement durable
Le trou de l'ozone		
L'affaire de la vache folle		
L'affaire du sang contaminé		
Les déchets nucléaires		
Catastrophes naturelles		

2 Débats

L'eau pure nettoie mieux que la lessive

PHYSIQUE. L'eau dégazée peut enlever les taches de graisse aussi bien que les détergents. Serait-ce la fin des lessives ?

(…) Un chercheur britannique a mis au point une technique qui permet de laver les vêtements en utilisant uniquement de l'eau. Richard Pashley, professeur de chimie physique à l'Australian National Université (Canberra), a découvert que lorsque des « microparticules » d'air étaient retirées de l'eau – un processus connu sous le nom de « dégazage » –, l'eau enlevait les taches grasses de la surface des vêtements, assurant un lavage sans lessive.

(…) Les gaz présents dans l'eau « collent » la saleté en créant une tension de surface. Quand on enlève ces particules d'air, l'effet agglutinant cesse et le gras se disperse dans l'eau sous forme de fines gouttelettes. Dans son expérience, Richard Pashley a dégazé de l'eau en la congelant avec de l'azote liquide. Pour simplifier le processus à l'avenir, il prévoit de mettre au point des membranes semi-perméables qui permettront de dégazer l'eau en la filtrant.

(…) Le lavage sans lessive pourrait aussi avoir des applications industrielles, comme le nettoyage des instruments chirurgicaux. Ceux-ci sont normalement nettoyés à l'aide de détergents, mais il peut s'avérer délicat de retirer le résidu savonneux. Un domaine relativement nouveau, celui des « nanomachines », pâtit lui aussi des problèmes posés par les résidus savonneux. Ces machines sont si petites que de tels résidus peuvent entraver leur fonctionnement.

(…) L'Association britannique de l'industrie des produits nettoyants estime ne pas avoir de souci à se faire : l'utilisation d'eau dégazée pour laver les vêtements n'assure pas une qualité suffisante. *« Ce que les clients recherchent, c'est l'efficacité, souligne le porte-parole de cette association, et nous ne pensons pas que l'utilisation d'eau pour laver les vêtements assure une qualité suffisante. »*

Quant aux Amis de la terre, ils rappellent que les bienfaits des techniques de lavage sans lessive pourraient avoir comme contrepartie pour l'environnement une hausse de la consommation d'énergie. (…)

Courrier International - N° 747 février 2005.

75 Le lavage sans lessive est une innovation scientifique qui, si elle ne menace pas l'industrie des produits nettoyants, s'est avérée pertinente pour le nettoyage de machines et instruments. Elle est également bénéfique pour l'hygiène et pour l'environnement. Qu'en pensez-vous ?

3 Déchets informatiques

Que faire des vieux ordinateurs ?

Ordinateurs vieillots, portables passés de mode, téléviseurs surannés et électroménager hors d'usage… s'amoncellent en montagnes sans cesse plus hautes de déchets souvent extrêmement toxiques. Selon l'ADEME (Agence de l'environnement et de la maîtrise de l'énergie), chaque Français produit actuellement 13 kg par an de ces déchets dont près de 90 % sont incinérés ou enterrés sans aucune autre forme de procès. Et la situation s'aggrave d'année en année : le tonnage de ces déchets d'équipements électrique et électronique » (DEEE) s'accroît de 3 à 5 % par an en France. Seul le gros électroménager (machines à laver, réfrigérateurs…) est aujourd'hui partiellement valorisé (environ 50 % du tonnage).

Une directive européenne, dont l'entrée en vigueur est prévue au printemps, impose des objectifs ambitieux de collecte et de valorisation des DEEE. D'ici fin 2006, quatre kilos de ces déchets par habitant devront être récupérés chaque année et le taux de recyclage, fonction du poids de l'appareil, atteindre 80 % pour le gros électroménager, 70 % pour le petit électroménager (grille-pain, rasoir, machine à café…), les jouets et l'appareillage domestique (perceuse, tondeuse de jardin…) et 75 % pour les téléviseurs, l'informatique et la téléphonie.

La directive oblige les fabricants à financer toute la filière du recyclage, depuis la collecte des appareils usagers chez les distributeurs et dans les déchetteries des collectivités locales jusqu'à l'incinération ou la mise en décharge de la fraction non « valorisable ».

À terme, cette mesure aboutira à une augmentation du prix de détail de l'appareil de 1 à 10 % hors taxes selon le produit. La réglementation devrait voir le jour d'ici fin 2004 en application de la directive. (d'après l'AFP)

M.-H.F.
Revue Découverte N° 308, mai 2003.

76

1. Quel danger représente ce type de déchets ?
2. Quelle solution est proposée pour valoriser ces déchets ?
3. À votre avis, comment peut-on valoriser les vieux ordinateurs ?

Limites de la gestion de crises

Séisme en Turquie

MARIE-PAULE BOUIN*
JEAN BERNARD DE CHABALIER*

La part des scientifiques dans une responsabilité collective.

Des deux tremblements de terre très destructeurs (Turquie et Taiwan) qui se sont produits ces derniers mois, celui du 17 août dernier dans la région d'Izmit était le plus « attendu » par la communauté scientifique de spécialistes. Ce séisme s'inscrit dans une série de tremblements de terre qui rompent successivement la faille nord-anatolienne d'Est en Ouest depuis 60 ans. Chaque secousse a déclenché la suivante, en cascade, décrivant ainsi une séquence unique dans les annales selon un mécanisme bien compris. Un séisme résulte du relâchement soudain des contraintes accumulées sur un segment de faille, chaque séisme met sous contrainte les segments de faille adjacents qui n'ont pas encore rompu. Des travaux récents (1997 et 1998) de scientifiques turcs, américains et français, publiés dans des revues scientifiques internationales, avaient montré que, selon ce scénario, les failles traversant la région d'Izmit étaient des candidates idéales pour une rupture majeure à moyen terme. Ces failles avaient été bien cartographiées après des campagnes de terrain et l'analyse des images satellitaires ; nous connaissons leur parcours et leur potentiel destructeur. Nous savions où, nous savions comment, mais nous ne savions pas quand…

En revanche, sur place, la population avait été maintenue dans un état d'ignorance total. La prise de conscience fut brutale. Quinze jours après le séisme, une grande chaîne populaire turque organisait un débat télévisé réunissant sur un même plateau architectes, entrepreneurs, journalistes, médecins, scientifiques et habitants de la région d'Izmit épargnés par le drame. Cette émission aurait pu tourner à l'émeute tant le décalage était grand entre, d'une part, le discours posé des acteurs de la vie publique qui essayaient de justifier leur attentisme, et d'autre part, la colère des survivants qui réalisaient qu'ils avaient été les seuls composants de la société à avoir ignoré l'inéluctable de ce drame. Ce paradoxe est intolérable ; il met en évidence les dysfonctionnements d'une société toute entière et pose le problème du rôle social de chacun dans la prévention des séismes. Où s'arrête la fonction des géophysiciens et leur responsabilité ?

Ce séisme a constitué une véritable catastrophe, engendrant un traumatisme social et ravageant l'économie nationale. Plusieurs raisons, dont on a débattu dans la presse internationale, expliquent une telle situation : une région en développement économique très rapide, la corruption généralisée autour de la spéculation immobilière en Turquie, le fait qu'il n'existe pas de contrôle des normes parasismiques des constructions récentes, ni de sanction, **l'absence d'une volonté politique à préparer les populations**.

La situation actuelle est la suivante : la ville d'Istanbul est menacée. Le séisme d'Izmit a mis sous tension les failles adjacentes, augmentant le risque de rupture, comme le montre le tremblement de terre du 12 novembre dernier. Or, à l'ouest, les segments de faille mis sous contrainte courent au fond de la mer de Marmara et certains passent à dix kilomètres au sud de la ville. Ces segments n'ont pas rompu depuis le milieu du XVIIIe siècle ; ils sont pris en étau entre la rupture d'Izmit à l'est et celle de 1912 à l'ouest de la mer Marmara. Ceci place Istanbul dans une situation encore plus critique que Tokyo ou Los Angeles en terme de risque sismique : le séisme à venir bouclera le cycle sismique. L'étude des séquences historiques nous montre que la période d'occurrence des séismes le long de cette faille est de quelques mois à 30 ans. Mais si la population est maintenant convaincue de la nécessité d'une protection parasismique, il est actuellement impossible de discuter de la situation d'Istanbul sans créer de mouvements de panique.

•••

Pour sortir de cette impasse et avancer, l'état d'ignorance alimentant la terreur, il faut dès maintenant informer les populations. L'exposition au risque sismique doit être librement consenti : les citoyens doivent être responsabilisés pour que le jeu des contre-pouvoirs démocratiques puisse agir. Ensuite, il n'y a pas d'alternative : le gouvernement turc doit relever le défi et s'engager dans un processus de réglementation stricte en matière de construction parasismique, de contrôle non seulement des constructions à venir mais aussi du bâti existant, d'information et de préparation de la population, de formation des professionnels des travaux publics.

Si un tel engagement était pris par les autorités, les scientifiques trouveraient alors naturellement le cadre où ils pourraient remplir leurs rôles : leur rôle pédagogique, de l'éducation scolaire à la formation universitaire ; leur rôle de chercheurs dans l'élaboration de cartes de risques et des normes parasismiques aux côtés des ingénieurs et techniciens. Quant au rôle social d'information, il passe nécessairement par l'intermédiaire des médias. Ce rôle est primordial pour permettre la diffusion de l'information scientifique auprès des citoyens, alimenter les débats, développer l'intelligence critique vitale pour assurer un bon fonctionnement de la société.

L'analyse à posteriori de beaucoup de catastrophes, au regard des connaissances scientifiques de l'époque, montre souvent que bien des drames auraient pu être évités si des mesures avaient été prises à temps. Ce constat est vrai aussi bien pour les catastrophes naturelles que pour celles de santé publique. Le rôle social des scientifiques est tributaire de la bonne volonté des intermédiaires institutionnels publics et privés : les géophysiciens turcs se sont heurtés à un mur d'indifférence au cours des dix dernières années. Puisse le drame d'Izmit réveiller les consciences de tous les acteurs de la vie publique pour que dès aujourd'hui se mettent en place les processus qui éviteront demain à Istanbul le sort d'Izmit.

* Marie-Paule BOUIN et Jean-Bernard de CHABALIER sont sismologues à l'Institut de physique du Globe de Paris.

Pour la Science, N° 266, décembre 1999.

77

1. Qu'est-ce qui a permis à la communauté scientifique de spécialistes de prévoir le séisme de la région d'Izmit ?
2. Quelle est l'erreur majeure n'ayant pas permis de gérer la crise en question ?
3. Quelle est la part des scientifiques dans cette erreur ?
4. « L'absence de la volonté politique à préparer les populations » justifie-t-elle le silence des experts scientifiques ?

5 Les dangers de la modernité

Asthme et pollution urbaine : un lien controversé

Maladie commune et souvent très spectaculaire, l'asthme – qui peut être mortel – augmente en nombre de cas de 6 à 10 % par an chez les enfants des pays d'Europe de l'Ouest. Si la pollution urbaine et industrielle constitue de façon indéniable un facteur aggravant, elle ne serait pas la cause première de cette augmentation au fil des ans. En effet, remarque le Pr. Michel Aubier, chef du service de pneumologie de l'hôpital Bichat à Paris, « depuis 20 ans, la pollution urbaine a considérablement diminué dans les pays développés, alors que la fréquence de l'asthme a accompli un mouvement inverse. »

Des enquêtes récentes ont en effet montré qu'il y a autant d'asthme en Arles qu'à Fos-sur-Mer, et Munich, ville très verte, compte davantage d'asthmatiques que la très industrielle Leipzig. Ce spécialiste rappelle que l'homme « moderne » passe en moyenne 92 % de son temps dans les locaux (bureaux, usines, maisons), 5 % dans les transports et 3 % seulement à l'air libre. Pour le Pr. Aubier, l'augmentation brutale de cette affection respiratoire s'expliquerait par une conjugaison de facteurs, parmi lesquels : la vie en milieu confiné et de plus en plus souvent climatisé, l'accroissement de l'exposition aux allergènes de l'habitat (acariens, chiens, chats, moquettes), la consommation d'aliments trop salés, le manque de fruits frais, de vitamines et de magnésium.

Une autre constatation a été faite par les pneumologues : il y a plus de maladies infectieuses dans les pays de l'Europe de l'Est que dans ceux d'Europe de l'Ouest, mais nettement moins d'asthme. Une observation qui conforte, selon le Pr. Aubier, l'hypothèse du rôle des vaccinations dans la recrudescence de cette affection respiratoire (voir cette chronique, mars 1997).

Revue Découverte, N° 253, décembre 1997.

78 Développez une argumentation en réorganisant les idées essentielles du texte pour démontrer l'hypothèse selon laquelle le mode de vie moderne serait une cause première de la maladie de l'asthme.
Utilisez les articulateurs logiques pour exprimer :

Une concession	
Une explication par comparaison	
L'addition + l'opposition	
Une énumération des arguments	
Un dernier argument pour conclure	

6 Les Français et les OGM

Les Français et les OGM à l'aube de l'an 2000

À la demande de la FNSEA, l'Institut national de la recherche agronomique (INRA), a réalisé une enquête sur le sentiment des Français vis-à-vis des aliments qui contiennent des OGM (organismes génétiquement modifiés), et sur leur comportement d'achat. L'objectif de cette étude : démontrer la pertinence économique éventuelle de filières garanties sans OGM.

Les résultats de l'enquête, présentés à la presse le 14 décembre, montrent une hostilité d'environ 70 % des Français vis-à-vis de ces aliments. Toutefois, mis en situation d'achat, les consommateurs ont des comportements hétérogènes : 37 % d'entre eux boycottent ces produits et 34 % se montrent réticents et ne les accepteraient qu'à condition d'une forte baisse de prix (de l'ordre de 25 %). Ces derniers concluent les auteurs, soit considèrent que la qualité d'un produit OGM est moindre, soit veulent partager les gains de productivité obtenus par cette nouvelle technologie. Quant au tiers restant, il se répartit en deux groupes : 15 % se montrent indifférents aux OGM, tandis que 14 % se déclarent prêts à payer plus cher pour avoir de tels aliments…

Un questionnaire plus approfondi auprès du dernier groupe a montré qu'il s'agit de personnes qui se sentent peu concernées par les questions d'environnement, mais… qui montrent également une grande attirance pour les produits « bio », c'est-à-dire issus de l'agriculture biologique, qui refuse tout OGM ! Certainement, le plus important est-il, pour ces consommateurs, de manger ce qui est médiatisé, surtout s'il est cher (« effet haut de gamme »).

Au-delà de ce comportement particulier qui concerne une minorité d'entre nous, les partenaires de cette étude concluent à la nécessité d'assurer avec le plus grand soin la traçabilité des OGM, selon des modalités qui restent à définir et à harmoniser. Mais, prudents, ils n'encouragent pas les producteurs à s'engager dans des démarches d'étiquetage de type négatif « sans OGM ». Cependant, « sur le moyen et le long terme, la coexistence de filières séparées OGM et sans OGM, mises en œuvre en toute transparence, serait un atout pour la filière agro-alimentaire et les consommateurs européens », a ajouté M.J. Marteau, porte parole de la FNSEA.

Remarquons que ce travail d'enquête, réalisé de façon rigoureuse sur un échantillon représentatif de consommateurs, a été engagé en fevrier 1999, soit il y a un an. Les pourcentages seraient-ils les mêmes aujourd'hui ? Bien des événements se sont déroulés pendant l'année 1999, qui ont conduit les consommateurs américains eux-mêmes à exprimer une méfiance qu'ils n'avaient jamais montrée auparavant (voir notre article « sale temps pour les OGM », paru dans cette revue en décembre dernier). Plus généralement, des études durant près d'un an sont-elles capables de rendre compte de l'évolution actuellement très rapide des mentalités vis-à-vis de ce qui touche l'aliment ?

M.-H.F.

Revue Découverte, N° 275, fevrier 2000.

79

1. Faites une présentation de l'INRA.

2. Rédigez un commentaire à partir des données statistiques :

Questions	Comportements des Français
1. Pour ou contre les OGM ?	70 % hostiles, 30 % favorables
2. Acheter ou non des aliments à base d'OGM ?	37 % les boycottent, 34 % les veulent moins cher, 15 % indifférents, 14 % les préfèrent même plus cher
Résultat : assurer la traçabilité des OGM	

3. Effectuez une recherche afin de dressez un tableau comparatif des aliments OGM et BIO.

7 Sciences et terrorisme

SCIENCES - ACTUALITÉS

Par
MARIE-HÉLÈNE FAVERGER
ARNAUD LEMAISTRE
et SÉVERINE PLESSIS

DIFFUSION SCIENTIFIQUE

Sciences et terrorisme : Une autocensure est-elle nécessaire ?

Faut-il publier des informations scientifiques lorsque celles-ci risquent d'être exploitées à des fins terroristes ? C'est la question que se sont posé les directeurs des principales revues scientifiques mondiales : « En certaines occasions, un éditeur peut conclure que le danger potentiel d'une publication excède son bénéfice potentiel pour la société ». En février, lors de la conférence annuelle de l'Association américaine pour l'avancement des sciences (AAAS, à Denver, une trentaine d'entre eux ont décidé d'appeler à la prudence et à la vigilance quant à la publication d'études potentiellement exploitables par des terroristes pour la mise au point d'armes chimiques ou bactériologiques. D'une part, les scientifiques doivent dorénavant faire preuve d'une « autodiscipline » dans le choix des études publiées et dans les détails fournis. D'autre part, les éditeurs se réservent la possibilité de modifier ou de rejeter certains articles scientifiques. Le texte de l'appel a été publié dans les comptes rendus de l'académie américaine des sciences (PNAS), l'hebdomadaire britannique *Nature* et son concurrent américain *Sciences*. Il a reçu 32 signatures, qui représentent les plus grandes revues scientifiques et médicales d'envergure mondiale. Parmi elles, outre les trois premières citées, on trouve *the Lancet*, le *New England journal of medicine* et le *JAMA (journal of American Medical Association)*.

Lors de la réunion, parmi les cas d'espèce examinés, un article paru en janvier 2001 dans le journal of Virology a été jugé particulièrement révélateur. Une équipe de chercheurs australiens y exposait l'élaboration d'un contraceptif pour rongeurs à partir du virus de la variole de la souris. Mais au cours des expérimentations, un redoutable virus tueur a été accidentellement produit. Les auteurs eux-mêmes avaient mis en garde contre les risques attachés à leur recherche et soumis leur écrit au gouvernement australien.

« La communauté des biologistes a été lente à reconnaître les risques de détournement, a expliqué Ronald Atlas, président de l'Association américaine de microbiologie et chercheur à l'université de Louisville. L'alerte à l'anthrax a changé notre vision. »

Mais les limites de ce qui ne doit pas être publié ne sont pas simples à définir. « En biologie, personne ne sait définir ce qu'est une information dangereuse », souligne Ronald Atlas. « Si on enlève ce qui permet de reproduire une expérience, on tue la science ». Et, comme l'a fait remarquer Nicolas Cozzarelli, éditeur des PNAS, « tout travail qui a de la valeur pour des terroristes a de la valeur pour la lutte antiterroriste ».

Les signataires de l'appel, conscients de cette difficulté, ont souligné que les revues doivent protéger l'intégrité du processus scientifique en publiant des travaux de haut niveau, avec suffisamment de détails pour permettre (à ces travaux) d'être reproduits ». Sans la possibilité d'une vérification indépendante des résultats exposés, ont-ils insisté, « nous ne pouvons ni faire avancer la recherche biomédicale, ni fournir les connaissances pour construire des systèmes de défense biologique forts ».

Pour Gigi Kwik, chercheuse au centre de stratégies de biodéfense civile, la solution repose sur une prise de conscience de la part des chercheurs. Elle en appelle à leur responsabilité citoyenne et propose l'établissement d'un serment d'Hippocrate pour biologistes, comparable à celui que prêtent les médecins.

M.-H.F.

Revue Découverte N° 308, mai 2003.

1. *Vrai ou faux :*   Vrai   Faux

   a) Les résultats d'une recherche scientifique peuvent être
   détournés à des fins terroristes quand ils révèlent par exemple
   le processus scientifique nécessaire à la production d'armes
   chimiques ou bactériologiques.   ❏   ❏

   b) En modifiant le contenu d'une publication, ou en rejetant
   certains articles, les éditeurs de revues scientifiques
   ne font pas avancer la science.   ❏   ❏

   c) La solution est peut-être d'éviter de publier les détails
   du processus scientifique de peur que ces travaux soient
   reproduits à des fins terroristes.   ❏   ❏

   d) Au cours d'une certaine expérimentation, un virus qui s'avère
   dangereux et mortel a été volontairement produit par
   les chercheurs.   ❏   ❏

   e) En biologie, on estime qu'il n y a pas de difficultés à enlever
   ce qui est révélateur dans un article.   ❏   ❏

2. *Autocensure veut dire :*
❏ destruction des résultats de sa propre recherche,
❏ liberté d'expression dans la publication des résultats de sa propre recherche,
❏ restriction que l'on applique à sa propre liberté d'expression.

3. *L'établissement d'un serment d'Hippocrate veut dire :*
❏ création d'un engagement dans la carrière du chercheur à respecter la déontologie professionnelle,
❏ création d'une réglementation antiterroriste,
❏ établissement qui porte le nom d'Hippocrate.

4. *Que veut dire un serment d'Hippocrate ?*
....

5. *Qui est Hippocrate ?*
....

Mémento étymologique

Préfixes – suffixes – radicaux

Préfixes	Définitions	Exemples
Aqua	Eau	Aquifère, aquarium, aqueduc
Hydro	Eau	Hydraulique, hydrologie, hydrolyse, hydrosphère
Bi	Redoublement	Binoculaire, biacide, bimoteur
Di	Redoublement	Dioxyde, diacide
Giga	Milliard	Gigawatt
Hypo	Insuffisante	Hyposulfite
Hyper	Excès	Hyperacidité, hyperbolique
Macro	Grand	Macroclimat, macrophage, macromolécule
Micro	Petit	Microclimat, microbiologie, microprocesseur
Méga	Million	Mégawatt
Mono	Un seul	Monomère, monoacide, monoatomique, monobase, monocellulaire, monochrome, monocolore, monoculaire, monocycle, monolithe
Uni	Un seul	Unicellulaire
Multi	Plusieurs	Multicellulaire
Pluri	Plusieurs	Pluricellulaire, pluridisciplinaire, pluridimensionnel
Poly	Plusieurs	Polygraphe, polymère, polygone, polymorphe, polymétallique
Para	À côté de	Parabolique
Inter	Situé entre,	Intercellulaire, interdigital, intercostal
Hémi	Demi	Hémisphère
Méta	Changement	Métamorphose, métabolisme
Rétro	En arrière	Rétrofusée, rétropulsion
Sur	Au dessus	Suractivé, surchauffé, surcompression
Semi	Demi	Semi-conducteur, semi-perméable, semi-produit
Sy, syn	Même	Synchrone, symétrie
Ultra	Au-delà	Ultramicroscopie, ultraviolet, ultrasons
Télé	Au loin, à distance	Télédétection, télégraphe, télémétrie

Suffixes	Définitions	Exemples
Ateur	Objet	Agitateur, oscillateur
Aire	Qui a rapport à	Moléculaire, circulaire, binaire
Eur, euse	Agent, instrument	Centrifugeuse, réacteur, catalyseur
Fère	Qui porte	Aquifère, mammifère, conifère
Fuge	Qui fait fuir	Centrifuge, hydrofuge
Graphe, graphie	Instrument d'enregistrement, Étude	Cartographie, sismographe
Ien	Qui s'occupe de	Physicien, mathématicien, mécanicien
Ique	Origine	Volcanique, atomique, ionique
Ine	Produit	Caféine, théine, nicotine, nitroglycérine
Ité	Qualité	Acidité, fluidité, inflexibilité
Iste	Qui s'occupe de	Chimiste, botaniste, écologiste
Mètre, métrie	Instrument de précision de mesure	pH-mètre, manganimétrie
Naute/nautique	Navigation	Cosmonaute, astronaute, astronautique, internaute
Oir, oire	Instrument, lieu	Séchoir, butoir, passoire
Phonie	Récepteur, réception de son	Interphone, radiophonie
Scope, scopie	Instrument d'observation	Télescope, oscilloscope, microscope

81 Vous pouvez vous entraîner, oralement, à définir les exemples cités dans les tableaux.

Racines

Racines	Définitions	Exemples
Aéro	Air	Aérodynamique, aéroglisseur, aérosol
Agri	Champ	Agriculture, Agronomie, agroalimentaire
Anthrop	Homme	Anthropologie, anthropoïde
Archéo	Ancien	Archéologie
Bio	Vie	Biodégradable, bioélément, bioénergie, biomasse
Chromo, chrome	Couleur	Chromolithographie, polychrome
Chrono, chrone	Temps	Chronométrie, synchrone
Cosmo	Univers	Cosmologie, cosmodrome, cosmographie
Crypto	Caché	Cryptographie, cryptogramme
Dynamo	Force	Thermodynamique, dynamomètre
Foco	Distance par rapport au centre	Focométrie, focale, focalisation
Géo	Terre	Géocentrique, géodynamique, géomagnétique, géophysique, géostation, géotechnique
Gène	Engendrer	Génétique
Grapho	Écrit	Graphologie, graphe
Iso	Égal	Isotope, isotherme, isotrope
Litho	Pierre	Lithique, lithologie, lithographie
Logo	Discours, science	Astrologie, biologie
Méga	Grand	Mégabit, mégahertz, mégaoctet, mégawatt
Morpho	Forme	Morphologie, morphométrie, morphogenèse
Ortho	Droit, correct	Orthogonal, orthonormé
Paléo	Ancien	Paléobotanique, paléontologie, paléolithique
Photo	Lumière	Photovoltaïque, photoélectrique, photocellule

Racines	Définitions	Exemples
Sphère	Milieu fermé, cadre	Atmosphère, biosphère, lithosphère
Topo	Lieu, surface, relief	Topographie, topologie, topométrie
Thermo	Chaleur	Thermoscope, thermodynamique, thermostat
Volt		Voltage, voltmètre, voltaïque
Zoo	Animal	Zoologie, zootechnicien

Unités de mesure

I. Unités géométriques

Mesure	Unité	Symbole
Longueur	Mètre	m
	Centimètre 1m/100	cm
	Millimètre 1m/1000	mm
	Micromètre	µm
	Nanomètre	nm
	Picomètre	pm
Superficie	Mètre carré	m^2
	Hectare $10^4 m^2$	ha
Volume	Mètre cube	m^3
	Litre	l
Angle plan	Degré	°
	Radian	rad
	Tour	tr
Angle solide	Stéradian	sr

II. Unités électriques

Mesure	Unité	Symbole
Intensité de courant électrique	Ampère	A
Intensité de champ électrique	Volt par mètre	V/m
Tension	Volt	V
Puissance	Watt	W
Charge électrique	Coulomb	C
Résistance électrique	Ohm	Ω

III. Unités thermiques

Mesure	Unité	Symbole
Température	Kelvin	K
Température Celsius	Degré Celsius	°C
Capacité thermique	Joule par Kelvin	J/K
Conductivité thermique	Watt par mètre Kelvin	W/(m.K)

IV. Unités mécaniques

Mesure	Unité	Symbole
Vitesse	Mètre par seconde	m/s
	Kilomètre par heure	Km/h
	Radian par seconde	Rad/s
Vitesse angulaire	Tour par seconde	Tr/s
	Tour par minute	Tr/min
Accélération	Mètre par seconde carrée	m/s^2
Accélération angulaire	Gal	Gal
Force	Radian par seconde carrée	Rad/s2
Moment d'une force	Newton	N
Tension capillaire	Newton-mètre	N . m
Énergie, travail,	Newton par mètre	N/m
Quantité de chaleur	Joule	J

V. Unités optiques

Mesure	Unité	Symbole
Intensité lumineuse	Candela	cd
Flux lumineux	Lumen	lm
Éclairement lumineux	Lux	lx
Luminance lumineuse	Candela par mètre carré	Cd/m^2
Eclairement énergétique	Watt par mètre carré	w/ m^2

VI. Unité de mesure acoustique

Mesure	Unité	Symbole
Volume sonore ou intensité du son	Décibel	dB

VII. Unités de temps

Mesure	Unité	Symbole
Durée	Jour	J
	Heure	H
	Minute	Min
	Seconde	S
Fréquence	Hertz	Hz
Ultra haute fréquence 300 MHz à 3 GHz	Megahertz /Gigahertz	MHz/GHz
Super haute fréquence 3 GHz à 30 GHz	Gigahertz	GHz
Extrêmement haute fréquence > 30 GHz	Gigahertz	GHz

VIII. Unités de masse

Mesure	Unité	Symbole
Masses	Kilogramme	kg
	Tonne	t
	Gramme	g
Unité de masse atomique		u
Masse surfacique	Kilogramme par mètre	kg/m
	Kilogramme par mètre carré	kg/m^2
Masse volumique (concentration)	Kilogramme par mètre cube	kg/m^3
Volume massique	Mètre cube par kilogramme	m^3/Kg

IX. Unités d'activité radio nucléaire

Mesure	Unité	Symbole
Faible radioactivité	Becquerel	Bq
Grandes valeurs	Curie	C
L'énergie	Gray	Gy
L'effet	Sievert	Sv

X. Unités de quantité de matière

Mesure	Unité	Symbole
Quantité de matière	La mole	Mol

CORRIGÉS

Introduction   Profils et spécialités

1 Jules est technicien chimiste, Jean François est pharmacien logistique, Michel est chercheur labo-pharmaceutique, Jean-Luc est pharmacien ingénieur.

2 **1.** généticiens – **2.** effectuent – **3.** analysent – **4.** améliorer – **5.** pharmacien industriel – **6.** élaborer – **7.** améliorer – **8.** biologistes – **9.** découvrir – **10.** physiciens – **11.** étudient.

3 **1.** b – **2.** c – **3.** a.

4 **1.** c – **2.** b – **3.** a.

5 **1.** c – **2.** d – **3.** b – **4.** a – **5.** e.

Chapitre 1   Recherche et spécialités

6

1. Les sciences de la matière	Physique, chimie, astrophysique, thermodynamique, mécanique, astronomie, optique
2. Les sciences de la terre et de l'univers	Géologie, archéologie, paléontologie, sismologie
3. Les sciences de la vie	Agronomie, zoologie, génétique, médecine, neurologie, botanique, écologie appliquée
4. Sciences mathématiques et mathématiques appliquées	Comptabilité, arithmétique, géométrie, statistiques, algèbre, architecture
5. Sciences de l'homme et de la société	Psychologie, médecine, neurologie, économie
6. Sciences de l'ingénieur	Génie électrique, génie logistique, génie civil
7. Sciences du danger	Gestion de crise, épidémiologie, écologie appliquée, toxicologie industrielle

7 **1.** c – **2.** d – **3.** a – **4.** b.

8 **1.** est le fondateur – **2.** a cherché, a fabriqué – **3.** a expliqué – **4.** a jeté les bases – **5.** a démontré.

9 **1.** a inventé – **2.** a créé – **3.** a découvert – **4.** a inventé, a découvert – **5.** découvert – **6.** a démontré – **7.** a démontré – **8.** a contribué.

10

Léo : Qu'est-ce que vous étudiez en sciences de la matière ?

Yannick : Bien entendu nous étudions les disciplines fondamentales, c'est-à-dire la physique, la chimie et les mathématiques, nous avons aussi des modules optionnels tels que le nucléaire, la thermodynamique, l'astrophysique.

Léo : C'est quoi le nucléaire ?

Yannick : Cette matière consiste à étudier l'énergie provenant des noyaux atomiques (des nucléons : protons et neutrons) et leurs réactions.

Léo : Et comment vous utilisez les résultats de vos recherches ?

Yannick : Nous aidons par exemple à la conception de centrales nucléaires qui produisent l'électricité.

11 **1.** la chimie – **2.** la physique – **3.** le nucléaire – **4.** la mécanique – **5.** l'alchimie – **6.** l'optique – **7.** l'astronomie – **8.** l'astrologie.

12 **1.** la molécule, la molécule – **2.** molécule, l'atome, molécule, atomes, atome – **3.** proton, le neutron – **4.** le proton – **5.** les électrons.

13

Type de transformation de la matière	Termes désignant la transformation de la matière
Changement de température	Réchauffement, refroidissement
Changement d'état de la matière	Cristallisation, fusion, évaporation, condensation, solidification, liquéfaction
Changement de volume	Dilatation, compression, décompression, rétrécissement
Changement de composition chimique	Distillation, dessalement, épuration, carbonisation
Changement de couleur	Jaunissement, blanchissement, noircissement

14

Types de mouvement	Termes désignant le mouvement
Mouvement du bas vers le haut	Élévation, jaillissement, flottement
Mouvement du haut vers le bas	Baisse, chute, précipitation
Mouvement violent	Éruption, jaillissement
Mouvement brusque	Irruption, chute
Mouvement circulaire	Rotation, tourbillonnement

15

Application des radioéléments	Domaines
1. Traitement du cancer	Médecine
2. Étude du métabolisme des éléments par l'organisme	Biologie
3. Analyse, mécanismes réactionnels .	Chimie
4. Étude du déplacement des cours d'eau	Géologie
5. Mesures d'épaisseur, de densité, de niveau, gammagraphie	Industrie

16 1. c – 2. g – 3. a – 4. e – 5. b – 6. f – 7. d.

17 1. b – 2. c – 3. a.

18 1. c – 2. a – 3. b.

19

OGM : organisme génétiquement modifié.
ADN : acide désoxyribonucléique.
VIH : virus de l'immunodéficience humaine.
MST : maladies sexuellement transmissibles.
OMS : organisation mondiale de la santé.
SRAS : syndrome respiratoire aigu sévère.

20 1. a – 2. c – 3. b.

21

1 :
– recherche de l'objet d'étude = effectuer des fouilles
– l'objet d'étude = échantillon de fossiles
– le but = dater un échantillon
– le procédé = mesurer la quantité de carbone 14, la datation au carbone 14
2 : la photosynthèse
3 : « a fait parler d'elle » veut dire : a été remarquable

	Carbone 14	AMS
Temps de comptage	Plusieurs jours	Une heure
Échantillon	Masses importantes d'échantillon	Échantillon mille fois plus petit
Limites	Destruction de grandes quantités de matière à dater	Le temps de préparation et de prétraitement n'est pas écourté

22 1. d – 2. c – 3. b – 4. a.

23 Probabilités, analyse et programmation, ~~géothermie~~, systèmes algorithmiques, ~~systèmes électroniques~~, systèmes hyperboliques, ~~méthodes de dosage~~, méthodes d'approximation, méthodes numériques.

24 1. c – 2. d – 3. a – 4. b.

25 Réponse libre

Chapitre 2   Appareillage et équipements

26 1. des engins – 2. un instrument – 3. un appareil – 4. un outil – 5. une machine.

27

Le pied à coulisse : mesure les dimensions, le diamètre.
La règle : mesure les distances.
Le palmer : mesure les petites dimensions.
Le voltmètre : mesure la tension électrique.
L'ampèremètre : mesure l'intensité électrique.
Le chronomètre : mesure le temps.
La balance : mesure la masse.
Les lentilles : mesurent les distances focales.
Le pH-mètre : mesure le potentiel d'hydrogène.
Le thermomètre : mesure la température.

28

L'oscilloscope : mesure la tension électrique visualisée sur écran.
Densimètre : permet de mesurer la densité d'un fluide.
Anémomètre : mesure la vitesse du vent.
Conductimètre : mesure l'aptitude d'un corps à conduire les charges d'électron en solution.
Humidimètre : mesure l'humidité contenue dans l'air, les aliments, les matériaux.
Viscosimètre : évalue la viscosité d'un liquide.
Débitmètre : mesure le débit d'un fluide (gaz ou liquide).
Sonomètre : mesure l'intensité du son ou le volume sonore.
Respiromètre ou oxymètre : mesure le taux d'oxygène dans les milieux hospitaliers et les environnements à risque.

29 1. c – 2. d – 3. a – 4. b.

30 Verrerie/vaisselle de laboratoire
1. pissette – 2. compte-gouttes – 3. flacons – 4. bêcher – 5. Erlenmeyer – 6. fiole jaugée – 7. éprouvette.

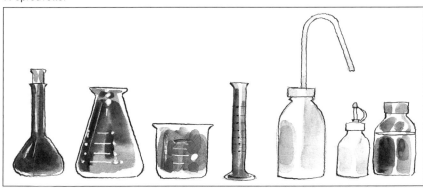

31

PH acide	PH neutre	PH basique
Vinaigre : 2	Eau minérale : 7	Lessive liquide : 10
Soda : 2,5		
Lait : 6,5		
	Gel douche : 5,7	

32

L'alcalimétrie
milli = 10 – 3 (symbole m) Un millimètre mm
micro = 10 – 6 (Symbole μ) un micromètre μm
nano = 10 – 9 (Symbole n) Un nanomètre nm
Pour les microscopes électroniques, on parle de picomètres ou même de femtomètres.
pico = 10 – 12 (Symbole p) Un picomètre pm
femto = 10 – 15 (symbole f) Un femtomètre fm

33 1. c – 2. d – 3. a – 4. b.

34 1. d – 2. b, c, b – 3. a.

35

1. Le principe est l'action ou la force d'attirer, d'absorber, de pomper (proche de la respiration et du fonctionnement de l'appareil respiratoire, rappelle aussi la force aspiratrice des végétaux…),
2. Le principe commun est l'évaporation,
3. Séparation de substances de densité différentes en utilisant la force centrifuge (due à la rotation).

36 1. b – 2. c – 3. d – 4. a.

37 A. optiques – B. électroniques.

38 1. b – 2. c – 3. a.

39 milli : 10^{-3} (symbole m)
un milimètre : mm
micro : 10^{-6} (symbole μ)
un micromètre : μm
nano : 10^{-9} (symbole η)
un nanomètre : ηm
Pour les microscopes électroniques, on parle de picomètres ou même de feutomètres.
pico : 10^{-12} (symbole p)
un picomètre : pm
feuto : 10^{-15} (symbole f)
un feutomètre : fm

40

	Vrai	Faux
Un four à micro-ondes classique cuit, réchauffe, décongèle et réussit de succulents gâteaux.		x
Un four à micro-ondes muni d'une grille gratine vos préparations culinaires.	x	
Un four à micro-ondes combiné cuit, réchauffe, décongèle et gratine vos plats.	x	
Les fours à micro-ondes utilisent des récipients de toute sorte de matériaux.		x
Il est inutile de couvrir vos plats pendant la cuisson.		x

41

Il s'agit de deux modèles différents

Ils n'ont pas la même contenance, le premier four est plus volumineux

Les dimensions du deuxième plateau sont moins importantes

La programmation du premier four offre plus d'une possibilité

Le premier est plus sécurisé

Le premier est plus sophistiqué

Le premier est plus cher

Le deuxième est moins cher

42

1. d – **2.** i – **3.** a, c – **4.** f – **5.** h – **6.** b.

43

Ajoutez un verre de jus de citron ou de vinaigre à deux verres d'eau dans un bol. Faites chauffer le mélange à la puissance maximale jusqu'à ce qu'il bout (pendant 10 minutes environ) puis laissez reposer pendant 10 minutes dans le four. L'odeur devrait disparaître.

44 **1.** d – **2.** a – **3.** e – **4.** b – **5.** c.

45 Réponse libre

Chapitre 3   Techniques et techniciens

46 **1.** e – **2.** f – **3.** c – **4.** g – **5.** a, – **6.** b – **7.** d.

47 **1.** c – **2.** d – **3.** e – **4.** b – **5.** f – **6.** g – **7.** a.

48 **1.** c – **2.** d – **3.** e – **4.** a, – **5.** b.

49 Réponse libre

50 Réponse libre

51 Réponse libre

52 Étant donné les différentes pannes enregistrées récemment et qui ont touché l'aile droite du bâtiment principal, nous informons l'ensemble du personnel des services concernés d'un arrêt de travail du vendredi 15 mars au mardi 19 à midi.

Aussi, les lieux cités ne seront pas accessibles au personnel pendant le week-end.

En conséquence, nous vous prions, de bien vouloir effectuer des heures supplémentaires avant cette date afin d'éviter toute sorte de dysfonctionnement dans nos engagements durant cette période.

Veuillez respecter ces consignes et merci pour votre collaboration.

La Direction générale

53 **1.** c – **2.** a – **3.** d – **4.** b.

54 **1.** c – **2.** e – **3.** d – **4.** b – **5.** a.

55 **1.** b, g – **2.** a, d – **3.** d – **4.** h – **5.** f – **6.** h

56 **1.** e – **2.** d – **3.** a – **4.** b – **5.** c.

57

Substance chimique	Goût	aliments
Le chlorure de sodium	Salé	Sel
Le glucose	Sucré	Sirop
La quinine	Amer	Soda
L'acide citrique	Acide	Citron
L'acide acétique	Acide	Vinaigre
La vanilline	Vanillé	La vanille

58 **1.** le procédé est la cristallisation (chauffer une substance et la passer à l'état de cristaux.

2. contient plusieurs cristaux

3. obtenu à partir du carbone cristallisé

4. la solidité

5. monocristallin

6. l'orfèvrerie, la joaillerie, l'optique et la minéralogie.

59 **1.** d – **2.** a – **3.** e – **4.** b – **5.** c.

60 **1.** g – **2.** e – **3.** b – **4.** f – **5.** d – **6.** c – **7.** a.

61

Étude ou technique	Centre d'intérêt		
	Homme	Population	Environnement
Écologie appliquée			x
Ergonomie	x		
Toxicologie industrielle	x	x	
Recyclage des déchets			x
Épidémiologie		x	

62 **1.** c – **2.** a – **3.** b.

63

Signalisation de sécurité

Matières inflammables

Matières explosives

Matières toxiques

Matières corrosives

Matières comburantes

Matières irritantes ou nocives

Matières radioactives

Risques biologiques

Risques électriques

Danger général

Champs magnétiques importants

Basses températures

Risque d'asphyxie

Protection obligatoire des mains

Protection obligatoire de l'ouie

Protection obligatoire de la tête

Protection obligatoire des voies respiratoires

Protection
obligatoire
des yeux

Protection
obligatoire
des pieds

Protection
obligatoire
de la figure

Défense
de fumer

Flammes nues
interdites

Défense
d'éteindre
avec de l'eau

Ne pas toucher

Entrée interdite
aux personnes
non autorisées

64 **1.** En Angleterre (Grande Bretagne).
2. Les personnes touchées ont toutes manipulé le steak surgelé avec maladresse et ont par conséquent subi le même traumatisme.
3. On estime que le nombre de victimes est très élevé et donc il s'agit d'un mal qui touche la population.
4. Il s'agit d'une erreur ergonomique.

Chapitre 4 **Génies et ingéniérie**

65 **1.** b – **2.** d – **3.** a – **4.** c.

66 (1) Ingénieur chercheur, (2). Développeur en informatique, (3). Ingénieur industriel, (4). Technicien supérieur, (5). Techniciens en logistique d'entrepôt.

67 **1.** b – **2.** c – **3.** d – **4.** f – **5.** e – **6.** g – **7.** a.

68 **1.** c – **2.** f – **3.** a – **4.** d – **5.** b – **6.** e – **7.** g.

69 **1.** reproduire artificiellement – **2.** vous n'êtes plus vivant – **3.** qui n'est pas connue – **4.** une forte explosion – **5.** enterrés dans le sol – **6.** procédé génétique.

70 **1.** l'électronique – **2.** les ingénieurs chercheurs des laboratoires de l'entreprise IBM. – **3.** Elle utilise le cuivre au lieu de l'aluminium. – **4.** Elle permet de diminuer la taille des fils et la chaleur dégagée par un courant. – **5.** Le conducteur est un corps ayant la propriété de - laisser passer l'électricité. – **6.** Le cuivre, l'aluminium et l'argent – **7.** Un isolant tel que le verre, le mica. – **8.** La semi conductivité, propriété du germanium, sélénium, l'arséniure de gallium et le séléniure de zinc.

71 **1.** le polyester est un polymère dont les molécules sont constituées d'une répétition de type ester.
2. La polymérisation
3. Légèreté, résistance chimique (aux bases, acides et solvants), antimagnétisme, pouvoir isolant, usinage aisé, entretien faible, choix de teintes… etc. Exemples : le PVC (bon isolateur électrique), le plexiglas (propriétés optiques), le téflon (résistance à la corrosion et à la chaleur)…
4. Un produit naturel.

72 **1.** Habileté manuelle réduite, les mouvements du corps limités, la marche est lente et pénible, champ de vision réduit, troubles de perception visuelles, vision des couleurs faussée, trouble de perception sonore.

2.

Étude ou approche	Prestations	Le but
Ergonomie	Concevoir un simulateur de vieillesse	Comprendre les difficultés de la personne âgée et les gérer
Conseil	Cibler le troisième âge dans les études du marché	Mieux commercialiser les produits
Expertise	Révéler les déficiences des produits	Améliorer les produits : rechercher confort et facilité

2. Le but est plutôt de cibler des consommateurs qui ont un fort pouvoir d'achat.

73

	Des progrès remarquables	Risques et dangers	Débat éthique et juridique
L'assistance médicale à la procréation			
Les OGM			
Les greffes d'organes			
La vente d'organes			
Le clonage			
Les vaccins			
L'affaire de la vache folle			
L'affaire du sang contaminé			
L'énergie nucléaire			
Les armes de destruction massive			
L'euthanasie			

74

	Limites de l'expertise scientifique	Les limites du développement durable
Les greffes d'organes et rejet		
Le réchauffement de la planète		
Le SIDA		
Le trou de l'ozone		
L'affaire de la vache folle		
L'affaire du sang contaminé		
Les déchets nucléaires		
Catastrophes naturelles		

75 Réponse libre

76

1. La toxicité.

2. La collecte et la valorisation par le recyclage financés par les fabricants qui, à leur tour, augmenteront les prix de vente.

3. Une valorisation des vieux ordinateurs serait plus facile si le design pouvait échapper à la désuétude. En effet, la lutte contre l'excès de ces déchets technologiques se ferait encore mieux si l'ergonomie, les sciences des matériaux et le design s'alliaient dans l'effort de développement durable.

77

1. La connaissance du cycle sismique propre à la région, l'étude des failles cartographiées et l'analyse des images satellitaires.

2. L'absence de contrôle des normes parasismiques, faute partagée par tous : les autorités, les architectes et la population.

3. La communauté des scientifiques n'a pas joué son rôle pédagogique et son rôle de communication avec le grand public.

4. D'un côté, les scientifiques ont leurs moyens de communication avec le grand public, à savoir les revues de vulgarisation scientifique. D'un autre côté, il jouent un rôle d'autorité comme experts et influencent les décisions politiques.

78

Une concession	Certes la pollution est un facteur aggravant mais elle ne serait pas la première cause de l'augmentation de la maladie de l'asthme.
Une explication par comparaison	En effet, l'Europe de l'Est est plus exposée à la pollution mais elle est moins touchée par cette affection respiratoire.
L'addition + l'opposition	Aussi, la pollution a diminué en Europe de l'Ouest alors que l'exposition à la maladie de l'asthme y a augmenté.
Une énumération des arguments	Pourquoi ? – Déjà il y a l'enfermement quotidien dans les locaux…, à cela s'ajoute la climatisation…, – puis citons l'exposition aux allergènes… – Par ailleurs, si nous examinons le mode alimentaire, nous trouverons beaucoup de salé et de conserves.
Un dernier argument pour conclure	Enfin, à comparer toujours les pays de l'Europe de l'Est aux pays de l'Europe de l'Ouest, les statistiques ont montré qu'il y a plus de maladies infectieuses en Europe de l'Est mais moins d'asthme. Ce qui expliquerait que les vaccinations seraient une autre cause à l'augmentation du nombre d'asthmatiques en Europe de l'Ouest.

79 Voir site Internet : http://www.inra.fr

1. Créé en 1946, l'Institut national de recherche agronomique est un établissement public à caractère scientifique et technologique placé sous la double tutelle des ministères chargés de la Recherche et de l'agriculture. Il est chargé de diffuser les connaissances scientifiques dans les domaines de l'agriculture en particulier, en alimentation et en environnement. L'INRA contribue à l'expertise, la formation, la promotion de la culture scientifique et technique, au débat science/société.

2. Généralement, la majorité des Français s'expriment défavorablement vis-à-vis des aliments qui contiennent des OGM. Or, mis en situation d'achat, 37 % seulement des Français seraient prêts à les boycotter et 34 % les achèteraient à des prix fortement réduits. Le tiers restant, constituant une minorité de la population française, se divise en deux groupes : un premier groupe qui se montrerait indifférent et un deuxième groupe qui, paraît-il, serait très attiré par ces produits. De tels comportements s'avèrent assez pertinents pour conclure à la nécessité d'assurer la traçabilité des OGM.

3.

Aliments bios	Les OGM
Produits sans pesticides, sans herbicides chimiques, sans fertilisation artificielle, sans agents de conservation, cultivés dans un sol enrichi de compost exempt de tout résidu d'engrais chimique et traité par des insecticides botaniques ; la rotation est obligatoire (changer de parcelles chaque année)	Produits utilisant moins de pulvérisation ou n'ayant pas besoin du tout de pesticides mais contenant un poison qui tue les insectes nuisibles et même ceux qui sont bénéfiques. Un OGM risque de transmettre par pollinisation sa résistance à un désherbant. En plus de son influence sur les sols et l'eau.

80

1.

	Vrai	Faux
1. Les résultats d'une recherche scientifique peuvent être détournés à des fins terroristes quand ils révèlent par exemple le processus scientifique nécessaire à la production d'armes chimiques ou bactériologiques.		
2. En modifiant le contenu d'une publication, ou en rejetant certains articles, les éditeurs de revues scientifiques ne font pas avancer la science.		
3. La solution est d'éviter de publier les détails du processus scientifique de peur que ces travaux soient reproduits à des fins terroristes.		
4. Au cours d'une certaine expérimentation, un virus qui s'avère dangereux et mortel a été volontairement produit par les chercheurs.		
5. En biologie, il n y a pas de difficultés à enlever ce qui est révélateur dans un article.		

2. Autocensure veut dire :
❐ restriction que l'on applique à sa propre liberté d'expression
3. L'établissement d'un serment d'Hippocrate veut dire :
❐ création d'un engagement dans la carrière du chercheur à respecter la déontologie professionnelle
4. Que veut dire un serment d'Hippocrate ?
❐ Engagement solennel du médecin
5. Qui est Hippocrate ?
❐ Hippocrate est le père de la médecine. Contemporain de Platon et Aristote, il a vécu en Grèce au Ve siècle avant Jésus-Christ.

81 Réponse libre

N° d' éditeur : 10120051 - CGI - Novembre 2005

Imprimé en France par EMD S.A.S.
53110 Lassay-les-Châteaux
N° dossier : 14529 - Dépôt légal : novembre 2005